大学生思想政治教育理论与实践研究

罗忆南　高　杨　著

中国纺织出版社有限公司

图书在版编目（CIP）数据

大学生思想政治教育理论与实践研究／罗忆南，高杨著． -- 北京：中国纺织出版社有限公司，2024.1
ISBN 978-7-5229-1368-1

Ⅰ．①大… Ⅱ．①罗… ②高… Ⅲ．①大学生—思想政治教育—研究—中国 Ⅳ．①G641

中国国家版本馆 CIP 数据核字（2024）第 033184 号

责任编辑：张 宏 责任校对：寇晨晨 责任印制：储志伟

中国纺织出版社有限公司出版发行
地址：北京市朝阳区百子湾东里 A407 号楼 邮政编码：100124
销售电话：010—67004422 传真：010—87155801
http://www.c-textilep.com
中国纺织出版社天猫旗舰店
官方微博 http://weibo.com/2119887771
北京虎彩文化传播有限公司印刷 各地新华书店经销
2024 年 1 月第 1 版第 1 次印刷
开本：710×1000 1/16 印张：14
字数：208 千字 定价：98.00 元

前　言

21世纪，随着我国综合国力的增强，我国高等教育正处在重要而深刻的历史变革之中。高等教育的这种历史性转变，对于提高大学生的综合素质和培养质量都提出了新要求，也对大学生思想政治教育提出了更高的要求。

大学生是国家的未来，他们的政治意识直接影响着国家的存续和发展。我们要重视当代大学生的主流政治意识，加强高校思想政治工作，这关系着我国人才战略的选择，也关系着社会主义事业的兴衰成败，还关系着中华民族的复兴大业。

大学生思想政治教育作为培养社会主义事业建设者和接班人的重要阵地，肩负着重要的育人职责。因此，认真研究大学生思想政治教育的相关理论及实践，探讨如何加强和改进大学生思想政治教育，是广大思想政治教育者必须关注的重大现实问题。

本书共包含七章内容。第一章从大学生思想政治教育的相关概念知识出发，阐述了大学生思想政治教育概述、功能、创新的必要性、创新原则、机遇和挑战等；第二章主要讲述大学生思想政治教育的理论知识，分析了大学生思想政治教育的理论基础、大学生思想政治教育的相关学科理论等知识；第三章探讨了大学生思想政治教育的理念和内容，包括大学生思想政治教育的理念、内容和目标等；第四章主要写大学生思想政治教育的创新研究，主要包括大学生思想政治的教育方法、教育载体、教育价值、教育管理、教育机制等方面的创新；第五章主要描述的是大学生思想政治教育的具体实践，包括大学生思想政治教育的理论课程实践、大学生思想政治教育实践活动、大学生思想政治教育的校园文化实践等；第六章主要研究了将美育融入大学生思想政治教育的内容，包括美育的概述、美育融入大学生思想政治教育的相关理论、大学生思想政治教育与美育深度融合的思路、美育融入大学生思想政治教育的意义和实现路径等；第七章主要写新时代的大学生思想政治教育，包括大数据与大学生思想政治教育、中华优秀传统文化与大学生思想政治教育、职业生涯教育与大学生思想政治教育等。

在本书的撰写过程中，作者查阅了大量文字资料，吸收借鉴了相关的研究成果和实践经验，同时得到了同事、亲朋的鼎力相助，在此深表谢意。虽然在写作中力求完美，但鉴于知识水平和时间有限，不足之处在所难免，恳请各位专家、读者不吝赐教。

著者

2023 年 5 月

目　录

第一章　绪论

思想政治教育是我国精神文明建设的首要内容，它是以形成受教育者一定的思想品德为目标，使教育者与受教育者共同参与双向交往互动的教育实践活动的过程。想要对大学生思想政治教育有一个正确的认识，我们必须要对相关概念等问题进行深入的分析与研究。

第一节　思想政治教育概述

一、思想政治教育的概念

一般认为，思想政治工作与思想政治教育的含义相同，可以通用。但细辨起来，二者还是有一定区别的。前者的含义要宽广一些，后者的含义则要狭小一些，即思想政治教育是思想政治工作的主要或基本内容，既是受政治制约的思想教育，也是侧重于思想理论方面的政治教育。

概括地说，思想政治教育是指社会或社会群体用一定的思想观念、政治观点、道德规范，对其成员施加有目的、有计划、有组织的影响，使他们形成符合一定社会要求的思想品德的社会实践活动。

思想政治教育具有实践性。思想政治教育活动与社会实践是紧密联系的。仅谈思想政治教育的理论，是不会有任何进展的。在实践中实现受教育者对理论的再认识，进而来调整和修正自己的行为以符合社会的基本要求，使得思想政治教育活动真正取得实效。

思想政治教育具有时代性。思想政治教育的目标、任务、内容和方法都会随着时代的变化而相应地发生变化。思想政治教育只有紧跟时代的发展，才能发挥作用。

我们认为，大学生思想政治教育主要是指思想政治教育工作者利用一定的思想观念、政治观点、道德规范，对大学生施加有目的、有计划、有组织的影响，使他们形成符合中国特色社会主义需要的思想品德的教育实践活动。

在我国现阶段，思想政治教育作为党的工作的一部分，是为实现党的路线、纲领服务的，它是党以马克思主义思想体系、共产主义信仰教育人民，提高人们的思想道德素质，动员人们为建设社会主义、实现共产主义而奋斗的实践活动。

二、大学生思想政治教育的地位

（一）大学生思想政治教育是党的工作重心之一

在新的历史时期，中国共产党要全面构建和谐社会，要领导全国人民实现国泰民强的理想，保证我们中国特色社会主义事业的蓬勃发展，必须要有青年大学生参与，也只有赢得青年，才能赢得未来。我们一定要不辱使命，为国泰民强铺好基础性、先导性和全局性的基石。这就要使这些生活在"象牙塔"里的大学生们始终保持积极进取的人生态度、健康向上的理想追求、丰富饱满的精神状态和不屈不挠的奋斗意识。

高校思想政治教育工作者要始终坚持运用社会主义核心价值体系做好当代大学生的心理健康教育工作。新时期共产党员要保持先进性，要"坚持理想信念，坚定不移地为建设中国特色社会主义而奋斗"，在高等学校中，如何加强对大学生的理想信念教育，显得尤为重要。我党始终注重高等教育的改革和发展，将人才战略确定为国家战略和时代战略，培育具有与社会经济发展相适应的人才是我国建设社会主义富强国家的基础，是实现众多五年规划的坚实保障。因此，加强和改进大学生思想政治教育工作一直都是我党的工作中心，定期调研大学生思想政治教育工作的现状和问题，并且发布针对改进和完善大学生思想政治教育工作的指导和意见。当前，我党提出要以科学发展观思考和面对新时期的形势，这就要求要坚持把大学生思想政治教育工作摆在重要的位置，并且长期重视和促进实施，这是时代的要求，也是构建社会主义和谐社会的必要保障。

"高校思想政治教育工作与中国最广大人民的根本利益密不可分。教育不仅可以通过发展和解放生产力，繁荣社会主义文化，不断提高人民的物质文化水平，而且可以直接为人民服务，不断适应和满足人民日益增长的教育需求。"❶ 一个国家的繁荣和富强离不开人才的储备，不仅需要具有专业理论知识和扎实实践技能的人才，而且要求这些人才具有高尚的思想品德和道德情操，更加坚定的政治信仰，以保证社会的稳定发展、经济的快速增长。因此，大学生思想政治教育工作是其他一切建设发展工作的核心，只要做好这项工作，才能保证其他工作的顺利开展，也就是我党的工作重心。

（二）大学生思想政治教育是提升大学生综合素质的重要途径

青年确实是我国社会中最积极、最活跃、最有生气的一支力量，确实是值得信赖、堪当重任、大有希望的。提升大学生的综合素质，才能使这支力量更加强劲有力，更加能胜任建设富强伟大的祖国的重任。大学生思想政治教育在提升大学生综合素质方面，占据着不可替代的重要地位。高等教育的最终目的是通过全面教育，使大学生的专业技能、理论水平和思想品德、政治素养等综合素质不断得到发展和提高，成为伟大建设事业的建设者和接班人。而思想政治教育是高等教育的有机组成部分，缺少这方面的教育，那么教育任务就无法完成，大学生的综合素质就会有所欠缺。因此，大学生思想政治教育是不可替代的教育过程。

随着现代社会和人类文明的不断发展，大学生以其扎实的专业知识和多元的性格特性，成为了推动发展的主要动力。尽管大学生接受了良好的知识教育，但是由于缺少深厚的实践基础和经历，以及年龄阶段的心智不成熟等原因，仍然存在许多不稳定的因素，比如大学生容易受到外界不良消极因素的影

---

❶ 白坤昌．论当前高校思想政治教育工作的创新［J］．山东青年管理干部学院学报，2005（4）：65-66.

响和干扰，特别是境外敌对势力的虚假宣传、不健康文化的侵蚀、文化垃圾的腐蚀等。这些因素削弱了大学生的思想品德和道德情操，甚至歪曲了其政治追求，导致其价值取向和行为模式的错误，具体表现在一些大学生冷漠无情、不思进取、公益心淡薄、奉献意识缺失和灵魂败坏等方面，甚至还动摇了民族认同感和祖国自豪感。如果不进行有效的大学生思想政治教育，即便培育出有丰富专业理论知识的青年，也无法发挥出其建设国家、推动社会发展的功能，而且会导致整个社会的风气和环境往消极的方向发展。因此，加强大学生思想政治教育是目前高等教育的重中之重，是不可忽视的一个环节。

首先，只有通过对大学生价值观念、思想品德和政治信仰的塑造和影响，才能抵抗大学生精神世界的扭曲、拜金享乐主义的盛行等腐败行为的侵袭。在大学生接受高等教育的阶段，不仅应该注重专业课程的教育，还应该将符合社会主义核心价值观的教育载体融入大学生的素质教育中，以帮助大学生树立正确的人格品质、培育正确的伦理道德、增强正确的法治观念、坚定崇高的政治信仰，成为具有综合素质的复合型人才。

其次，大学生思想政治教育的教育内容是科学的学习方法和分析问题、解决问题的思路和能力，通过大学生思想政治教育的落实，能够让大学生掌握更加科学的学习模式和学习策略，有助于大学生在掌握科学文化知识的同时，更加深刻地理解和运用这些知识。"思想政治教育应把着眼点由外灌转移到内塑上，把着力点放在激起学生自我塑造的欲望上，增强他们的自我投入意识，提高他们的参与程度，锻炼他们的完善能力，指导他们形成科学的理想观念和世界观、人生观、价值观，走外引内应、内外结合的路子，发挥师生共振效应，缩小教育投入与教育成效之间的差距，真正提高思想政治教育的实效。"❶

具体而言，大学生思想政治教育培育了大学生明确的学习目的，指导大学生通过不断地学习积累，拥有建设社会主义强国的有效工具；并且通过培养其良好的学习态度，使大学生在学习中寻找成就感和快乐感，帮助他们克服学习过程中的种种问题，调动了大学生的学习积极性。

最后，大学生思想政治教育培养了大学生的创新意识、团队协作意识和人

---

❶ 梁宁. 论新形势下高校思想政治教育工作的创新［D］. 哈尔滨：哈尔滨工程大学，2005.

文关怀意识，这是我国优良传统文化的延伸，并且将大学生的理论知识、实践活动和精神境界有机地结合到一起，不断地提升大学生的综合素质。

（三）大学生思想政治教育是构建和谐社会的重要基础

我党在改革开放和全球化发展的新时期，提出了在以马克思主义、毛泽东思想、邓小平理论、"三个代表"重要思想科学发展观、习近平新时代中国特色社会主义思想为主要的指导方针下，全面建设具有中国特色的社会主义的伟大愿景，要求全党和人民群众切实贯彻落实科学发展观，尽早构建出中国特色社会主义建设事业的整体框架和总体布局，推进全面建成小康社会和实现四个现代化的战略目标。"构建和谐社会是我们党在新的历史阶段提出的新的治国理念和治国方略。高校是培养和造就德、智、体、美全面发展的社会主义事业建设者和接班人的摇篮，是构建社会主义和谐社会的重要阵地。"❶

当前社会不断发展，外来文化不断冲击，大学生的思维模式和价值观念不断受到来自多方面的影响。一些负面的、消极的因素导致了大学生行为和思想的错误，造成了许多不和谐的现象。近些年出现的几起恶性事件，都反映出大学生在思想上存在的错误，造成了对社会层面不和谐的影响。我们知道，大学生个体在高校这个集体环境中，找到了适合自己发展的方向，学习积累到了知识和技能，为将来人生的发展打下了坚实的基础，同时为构建社会主义和谐社会提供了重要的保障。然而，如果在大学这个自由的环境中，大学生没有在精神层面得到良好的教育，造成了思想品德和道德素质的缺失，不仅不能为自身的发展打下良好的基础，甚至会破坏整个社会的和谐程度。因此，加强大学生思想政治教育，不仅是站在大学生自身的个体层面考虑，更是构建和谐社会的重要基础。

大学生思想政治教育的开展，不仅可以通过各种规范和条例来约束大学生的行为，还能够从校园环境、理论课程、教育工作者的引导等多个方面，对于大学生的思想品德进行教育。大学校园不仅为大学生提供了学习氛围浓郁的学习环境，还是大学生接受爱国主义及其他优良传统、先进社会思潮文化等积极

---

❶ 刘昌海．加强高校班级建设的思考——以新疆农业大学为例［J］．高校辅导员学刊，2009（3）：20-23.

因素的阵地。充分利用大学阶段对大学生进行思想政治教育，让大学生拥有科学的发展观，为实现自己的人生价值努力奋斗，为社会的和谐发展贡献自己的一份力量。构建和谐社会，不仅需要社会有生力量的参与，更需要作为社会建设中坚力量的大学生参与进来。对大学生进行思想政治教育工作，不仅保证了大学生学习专业知识和实践技能的实效性，同时塑造了大学生良好的道德品质和政治素养，提高了大学生的综合素质，使得作为建设者的大学生能够全面发展各项能力和水平，为构建社会主义和谐社会提供坚实有力的保障，是实现中国特色社会主义伟大事业的重要基础。

第二节　大学生思想政治教育的功能

一、导向功能

导向功能是大学生思想政治教育的根本功能，体现了大学生思想政治教育的目的性和超越性。大学生思想政治教育的导向功能主要表现在理想信念、奋斗目标和行为方式三个层面上。这同时代表了三个不同层面的教育：一是理想信念教育，主要内容是马克思主义理论体系；二是政治教育，主要内容是党的方针政策；三是道德和法纪教育，主要内容是社会主义道德和法纪。这三个不同层面的教育是一种既相互联系又相互依存的关系，三者共同构成了大学生思想政治教育的主要内容。

互联网具有开放性、渗透性和趋同性的特点，因此，高校在对大学生进行思想政治教育的过程中，应充分把握互联网的这些特点，以保证思想政治教育导向功能的充分发挥。传统的思想政治教育通常采用内塑型的教育模式，在教育过程中主要是将与教育目标相关的知识通过灌输的方式教授给学生，以语言或文字的形式告诉学生应该做什么，不应该做什么。而"互联网+"时代的思想政治教育则不同，它是以潜移默化的方式对大学生的思想观念进行规范和约束的。

在日常的学习和生活中，大学生对网络上的信息极为关注，并根据自身对这些信息的关注程度来决定关注问题的次序。针对这种情况，很多媒体开始有意识地对信息进行议程设置，以此来引导受众对社会和政治信息的思考和关注。互联网本身具有开放性的特征，这种特征会使受众产生趋异性。但是，互联网又具有交互性和渗透性的特征，在人为进行议程设置的情况下，这种趋异性在很大程度上被淡化并逐渐转为趋同性。在"互联网+"时代下，思想政治教育工作者要充分利用这种趋同性，以确保思想政治教育的导向功能正常发挥。为此，思想政治教育工作者需要强化在网络空间争当文化主导者的意识，以平等对话、研讨、交流的互动形式引导大学生形成正确的世界观、人生观和价值观。

二、沟通功能

大学生思想政治教育里的沟通活动，对于大学生而言也是非常重要的。沟通功能一方面为个体的生命价值、人生意义的展开开辟了广阔的舞台，这是因为人们在沟通过程中对宽容、理解、尊重、平等、真诚等追求，不仅是沟通人性的体现，更是人们通过沟通这一实践活动对人性之善、美好人生的追求；另一方面，思想政治教育沟通是指向个体完整生命建构的实践活动，这是由于教育中包含着"生命价值中介"的特质。"对于人类个体来说，由于生命及其场景的有限性，每一个人类个体的生命意志都是不断地超越有限生存而追求无限存在的……价值需求是人的生命本质所规定的东西。"❶ 而这一追求或需求的满足，必须借助教育来完成，必须通过沟通来实现。正是因为这一意义，我们说思想政治教育沟通有助于个体在价值论意义上自我建构。

大学生思想政治教育的沟通功能，有的是通过网络交流和互动实现的。沟通的方式包括交互式视频、电子邮箱、电子查询、网络社区讨论等。思想政治教育工作者通过这些沟通方式，将思想政治教育的知识、观念等信息传递给大学生并得到大学生的及时反馈信息。这既是一种教育信息的交流、传递过程，

---

❶ 德内拉·梅多斯. 增长的极限［M］. 李宝恒，译. 成都：四川人民出版社，1984.

也是一种情感的传输过程。教育主客体通过思想情感的交流、融合，对思想政治教育达到了一致认同。在日常的学习和生活中，大学生思想政治教育的沟通，也可以安排在校内外的闲暇时间里，师生双方面对面地进行沟通和谈心，也可以取得很好的教育效果。

三、大众传播功能

思想政治教育由于其自身的理论性而显得相对枯燥，会使大学生产生一种"被说教"的感觉。大学生需要一个能更好、更便捷地接收信息的途径。互联网通过丰富的图片、视频、音像等传递信息，这对大学生来说，这样的传播媒介吸引力更大、趣味性更强。此外，在互联网中，每个人都可以自由地表达自己的意见，这有助于拓展思想政治教育传播的广度和深度，对推动思想政治教育的传播具有积极的作用。

在思想政治教育的传播方面，互联网是一种重要的工具和载体，而且以其传播速度快、互动性强和覆盖面广等特点很好地发挥了大众传播功能。当前，我们要在传统的思想政治教育途径和方法上寻找突破，需利用好互联网这一重要的工具和载体，让其成为开展大学生思想政治教育的又一强有力的工具。

四、开发功能

开发功能指的是通过对大学生进行思想政治教育，在最大限度内调动其潜能和主观能动性。大学生具有主观能动性，可以主动地认识世界和改造世界，这是大学生思想政治教育具有开发功能的根本原因。但需要注意的是，大学生的主观能动性具有一定的层次和深度，需要通过一定的方法对其进行正确的开发和挖掘，具体包括以下几点：

第一，尊重大学生的兴趣、爱好，充分发挥大学生的感官优势，这是开发大学生潜能的基本要求。信息内容丰富和功能独特是互联网的突出特点。因此，高校在对大学生进行思想政治教育的过程中，可以充分利用互联网这一阵地，开发一些形象、生动的教学软件，以此来激发大学生的学习兴趣，确保大学生在一种积极的氛围中接受教育并挖掘自身的潜能。

第二，利用多种形式和方法充分调动大学生学习的积极性和主动性，促进大学生的智力和能力同时发展，这是开发大学生潜能的重点。在大学生健康成长的过程中，互联网可以充当一种"助推器"，即通过互联网自身拥有的丰富的、形象的和直观的思想政治教育资源来满足大学生对知识和信息的需求。在这种情况下，思想政治教育工作者可以采用参与式或启发式教学，引导大学生积极主动地学习。

第三，开发大学生潜能的最高层次就是培养大学生的创造精神。互联网的出现为思想政治教育提供了一个培养大学生创造精神的新空间。互联网不仅拓宽了大学生的思维空间，也使大学生的思维方式更加灵活多变。通过互联网，大学生可以学习到更多的知识，了解到更多的信息，不断拓宽自己的视野。"互联网+"时代下的思想政治教育不仅可以让大学生知道不同思维方式的存在，还可以提高大学生的信息鉴别能力，使大学生亲自感受不同文化和思想的碰撞，以此来提高大学生判断问题、分析问题和解决问题的能力，促进大学生创新思维的发展。

五、调节功能

大学生思想政治教育的调节功能主要体现在学习调节、生活调节、心理调节方面。大学生学习的动力之一是他们对探索未知、寻求真理有着浓厚的兴趣，而互联网能够极大地满足他们对知识的渴求，同时，大学生思想政治教育可以是参与式的、启发式的，这比灌输式的教学方式更受大学生喜爱。大学生社会经验较少，而网络社会经验比较丰富多彩，因此，将"互联网+"时代下的思想政治教育融入大学生的日常生活中，可以陶冶其情操、调节其精神生活。同时，通过互联网进行的心理咨询具有隐蔽性、保密性、便捷性等特征，能够满足大学生倾诉、发泄等心理需求，可以对大学生的情感、学习、生活和人际关系中的困惑进行有效的疏导，因而，对帮助大学生树立正确的人生态度、培养健全的人格具有积极的作用。

六、育人功能

与其他教育一样，思想政治教育也发挥着育人功能，育人功能也是思想政治教育的基本功能。大学生思想政治教育的育人功能主要表现在通过教育活动提高大学生的思想政治素质，以此帮助大学生树立正确的世界观、人生观和价值观，完善他们的人格。应当明确的是，马克思主义关于人的全面发展理论是大学生思想政治教育的指导理论。也就是说，高校通过开展思想政治教育，不仅能增加大学生的知识积累，提高其思想政治素质，还能促使其实现全面发展，最终成为建设祖国的优秀人才。

高校思想政治教育工作者通过互联网向大学生传播思想政治教育信息，能够对大学生的发展产生系统影响，同时，大学生可以通过互联网对这些信息进行反馈，这对思想政治教育信息的传播具有重要影响，有时甚至会起着决定性作用。通过互联网这一媒介，传播者与受众、教育者与受教育者之间就可以实现主客体间的沟通与交流，有利于及时对思想政治教育中的不足之处进行完善。

此外，不断提高大学生的信息鉴别能力也是大学生思想政治教育育人功能的一个具体体现。网络信息复杂多样，不利于大学生对有用信息地进行识别，在这种情况下，就需要对大学生进行思想政治教育，以此来提高大学生对信息的辨别能力。也就是说，高校进行的思想政治教育不仅要进行"防御"，还要能够"进攻"。所谓"防御"，指的是"互联网+"时代下的思想政治教育既能够提高大学生对网络信息的辨别能力，又能够使大学生明辨是非，积极抵御不良网络信息对其思想的侵袭；而"进攻"指的是大学生要充分利用互联网宣传正面的思想言论，批判腐朽的思想和落后的观念。

第三节　大学生思想政治教育创新的必要性

加强和改进大学生思想政治教育工作，必须从国内和国际、历史和现实的角度，深刻分析新时期大学生的思想活动发生作用的客观环境及其基本特点，正确审视新形势下那些影响大学生思想活动的重大社会变革和现实问题，为推进新时期大学生思想政治教育的改革发展和科学创新提供切合实际的理论基础和现实依据。

一、社会经济环境变化是大学生思想政治教育创新的现实基础

经过近几十年社会主义市场经济的发展，我国在 21 世纪已进入一个战略机遇期和矛盾凸显期，社会经济环境发生了深刻变化。当代中国的经济成分和经济利益日益多样化，社会生活方式和社会组织形式日益多样化，就业岗位、就业形式和分配方式日益多样化，这是改革和发展的产物，但同时它也给人们的思想观念、价值取向、文化生活带来了多样化的挑战，甚至引发自由主义和分散主义，从而不可避免地对处在思想定型期的大学生以巨大冲击。具体表现在以下几个方面。

第一，随着社会的进步和发展，以人为本的理念日渐深入人心，特别是市场经济的发展客观上要求每一个人的个性自由发展，充分发挥个人的主观能动性，这本身无可厚非。但是，有些大学生却常常会误以为个性的自由发展就可以不顾纪律和规章制度，不顾他人和社会公共利益，因而造成现在一部分大学生集体主义观念淡薄、纪律性差、社会公德缺失，使一些大学生容易产生自由主义、分散主义和个人主义的思想意识。

第二，市场经济作为一种以追求物质利益为核心的经济，每一个参与市场活动主体的价值判断将越来越趋向实用化、功利化，这种现象反映在大学生身上就是实用主义。这种实用主义的思维方式难免会造成大学生不注意自身全面素质的提高，缺乏长远利益考虑，缺乏远大理想和信念。在如今相当一部分大学生存在迷茫、困惑、郁闷的思想状况，其根源就在于面对市场经济发展的社会，面对整个社会呈现弥漫的浮躁心理，片面地、过分地追求实用主义。

第三，社会收入分配贫富差距的不断扩大，直接反映到校园中就会逐渐形成大学生的贫富分层，从而由于家庭贫富不均，造成贫富不同的学生的生活方式、社会心理、思维方式等方面存在很大差异，进而引发一系列不利于大学生心理健康成长的问题。另外，社会上各种丑恶现象的沉渣泛起也是造成部分大

学生思想波动的重要原因。这就要求大学生思想政治教育工作必须要从现实生活出发，努力摸清大学生思想变化的深层动因，积极创新思想政治教育工作的方式、方法，牢固树立阵地意识，推进大学生思想政治教育工作的健康发展。❶

二、多元文化形态的并存是大学生思想政治教育创新的客观需要

新时期，我国文化发展的主流是健康的，马克思主义、毛泽东思想、邓小平理论、"三个代表"重要思想、科学发展观、习近平新时代中国特色社会主义思想在意识形态领域的指导地位不断得到巩固，这种主流文化的健康发展为大学生思想政治教育工作的开展奠定了坚实基础。同时，全球经济一体化和科学技术的迅速发展，为文化多样性的发展创造了良好的条件，各种文化形式的并存、文化产品的增加和文化多元化局面的形成，对于丰富大学生文化生活，促进大学生思想政治素养的发展具有一定的积极意义。但就目前的文化环境而言，大学生在思想品质没有成熟之前，往往会对眼前纷繁复杂的文化状况产生错误的解读，进而妨碍其树立科学的世界观和正确的人生观，影响其价值取向和行为选择。

（1）大众文化的流行。大众文化的兴起和发展，一方面满足了大学生的文化需求，有助于开阔大学生的文化视野，提高大学生的文化素养；另一方面，由于大众文化自身的特点和目前我国大众文化发展中存在的一些问题，给大学生思想政治教育造成了不可忽视的负面影响。例如，大众文化的流行，在一定程度上消解了主流意识形态对大学生的积极影响，使感官刺激、游戏娱乐取代了大学生应有的政治信仰、道德追求和理性思考，使大学生对思想政治教育持冷漠态度，甚至产生对立情绪和逆反心理。同时，大众文化的庸俗化、娱乐化，则容易导致大学生逃避崇高，难辨美丑，远离经典文化和高雅文化，导致大学生"跟着感觉走"，从而降低大学生实际的文化生活质量。

（2）西方文化的渗透。毋庸置疑，西方文化的引进和介绍，有助于大学

---

❶ 范翠莲，李春风，边黎明．思想政治教育与实践［M］．北京：九州出版社，2018.

生进行中西文化的比较、交流和借鉴，拓宽学术视野和文化境界。但同时我们必须看到，西方国家"西化"的图谋一直没有停止，而其策略和手段，就目前而言主要是文化渗透、文化输出，力图通过西方文化的霸权来对抗主流意识形态的灌输和影响，弱化中国传统的道德规范、价值取向和文化精神。对此，由于一些大学生缺乏清醒的认识和足够的警醒，也就不自觉地受到了西方文化的影响。由不加选择地接受、认同到盲目推崇、践行，甚至用西方文化中的错误观念、标准和方法来评判现实、感受社会，这些往往会导致大学生媚洋心理的产生。

在当前，一些大学生不同程度地存在着政治信仰迷茫、思想信念模糊、价值取向扭曲、诚信意识淡薄、社会责任感缺乏、艰苦奋斗精神淡化、团结协作观念较差、心理素质欠佳等问题，这就是文化多元化潮流负面影响的具体体现。所以应该引导大学生自觉抵制各种不良思想观念和文化倾向的侵蚀，积极弘扬集体主义、爱国主义、社会主义的主旋律，形成昂扬向上的精神状态和积极健康的心理素质，需要我们大学生思想政治教育工作者付出更多的努力，以求取得更好的实效。

三、高等教育改革的深入是大学生思想政治教育创新的基本动力

1978 年以来，我国高等教育得到了较大发展。特别是党中央、国务院1999 年做出了高等教育扩招的决策，使我国高等教育进入了加速发展的新阶段。2022 年，高等教育在学总规模达到 4655 万，毛入学率达到 59.6%，比2021 年提高 1.8 个百分点，普及化水平进一步巩固提升。❶ 在规模扩张的同时，我国高等教育管理体制的改革也在不断深化，高等教育发展日益呈现出办学理念多元化、办学主体多元化和竞争日趋加剧的新特点，这些变化必然会给大学生的思想观念、心理发展带来一些负面效应。

一方面，随着招生规模的持续增长，我国高校的应届毕业生人数屡屡创下

---

❶ 施雨岑，王鹏．2022 年我国高等教育在学总规模达到 4655 万人［EB/OL］．http：//edu. people. com. cn/n1/2023/0323/c1006-32649989. html.

新高。2010—2017 年的毕业生人数按照 2%～5% 的同比增长率逐年增长，近 7 年间累计毕业生人数达到 5706 万人。2022 年，全国普通高校毕业生首次突破千万，达到 1076 万人。据教育部统计，2023 年全国普通高校毕业生规模预计达 1158 万，同比增长 82 万，再创新高。人才供应的增长，有以下几个有优点。其一，有利于我国人力资本积聚、就业者科学文化素质的提高及综合国力的增强；其二，由于我国劳动力总体供大于求，社会提供给大学生的城镇单位就业岗位的年增长量远远滞后于毕业生增长的人数，导致全国人才供求形势发生了逆转。原先的高等教育卖方市场已经转变为完全意义上的买方市场，开始出现了大学生就业难的严峻形势，由此导致大学生的就业压力前所未有地增加，校园学习和生活竞争压力更加紧张激烈，广大学生在日常学习和生活中，特别是高年级大学生面对就业压力心理负担较为沉重，更加注重和强调物质待遇和个人发展的机会，以我为主、急功近利，往往忽视了思想品德的修养和锻炼，思想滑坡现象较为明显。

另一方面，由于高校近年来连续扩招，民办高校也不断增加，高校在校生人数保持持续增长的趋势，使得大学生的年龄分段出现多层次性，致使大学生之间交流沟通的难度相应增加。部分大学生中也出现了不和谐因素，过分强调了竞争、排斥，甚至是你争我夺，忽视了合作，造成人际关系的紧张。一些大学生甚至为了评上各种先进、奖学金或入党而展开不正当的竞争。再加上现在的大学生以独生子女居多，一般而言，他们自我中心意识强，团结协作能力弱，在紧张的学业和就业压力下，心理承受能力普遍较为脆弱，在挫折面前应对能力较低，容易出现心理障碍，甚至走向极端。面对高等教育改革的不断深入对大学生思想观念和心理发展造成的巨大冲击，大学生思想政治教育工作必须适应形势发展的需要，给予积极回应，努力创新思想政治教育工作的方式、方法，以更好地适应新时期社会主义人才培养的需要。

四、信息网络传播的渗透是大学生思想政治教育创新的重要挑战

当今世界科技进步日新月异，技术更新不断加速，知识经济已现端倪。知

识经济时代，计算机与通信的结合、信息高速公路和多媒体技术的发展，使人类从工业社会跃进信息社会，这必将改变人类社会的生产方式、工作方式、学习方式、生活方式及思维方式，也势必对现行的大学生教育产生重要影响。知识经济时代的到来，使思想政治教育的内容、对象、范围、环境都将因高科技手段的运用而发生重大变化。特别是信息网络技术的高速发展，现代社会跨入网络时代，人们通过网络快速交换、传递信息，分享文明与进步，互联网和信息高速公路已经成为世人关注的焦点。由中国互联网络信息中心（CNNIC）发布的最新的《第 21 次中国互联网络发展状况统计报告》显示，截至 2016 年 12 月 31 日，我国网民总数达 7.31 亿人，相当于欧洲人口的总数量，位居世界第一。中国网民数量增长迅速，在过去一年中平均每天增加网民 20 万人。目前，中国的网民群体仍以青年为主，总体网民中的 31.8% 都属于 18～24 岁的青年。这个年龄段的网民中，大学生网民群体占据重要地位。

众所周知，互联网犹如一把无形的双刃剑，在给人类交往方式、生活方式带来根本性变革的同时，也带来了传统社会所无法预知的深层负面影响。在网络社会，传统的信息提供与获取方式已被网络传播取代，网络化以其信息容量大、内容广泛和多元化，以及信息传播的即时性、开放性和交互性的特点，成为当今大学生获取知识和各种信息的重要手段。青年大学生可塑性较强，正处于世界观、人生观、价值观形成的关键时期，面对信息爆炸、知识激增、科学飞速发展的挑战，大学生所承受的影响和压力将会越来越大，在动态的、高速流动的信息社会，大学生的思想状况将会发生深刻的变化。

一是网络上各种思想观点纵横交错，对大学生的思维方式、生活方式和价值观念产生了深远影响，颠覆了他们自小到大社会、学校和家长灌输给他们的传统道德观念。网络给大学生们带来学习和生活丰富多彩、光怪陆离的精彩世界的同时，也使许多人沉迷其中无法自拔，忽视了虚拟世界和现实世界的区别，对网络游戏和网友的关心胜过自己的学业，甚至导致一些大学生道德观念的丧失。

二是互联网作为一种最具时效性、最有吸引力、最难管理的高科技信息传播渠道，由于其信息传播的双向性、主动性和高度自由，从而使任何国家都难以按本国意志对跨国界的网络信息实行有效监控。现在主导网络信息的传播是以美国为首的西方发达国家，他们运用网络这一传播媒介作为其进行意识形态领域渗透强有力的工具，不断散播西方价值观念，冲击其他民族的传统道德和价值观念。在这种形势下，世界观还没有完全形成的大学生如果长期置身网络，不可避免地面临着大量西方文化思潮和不同价值观念的冲击，一些大学生的人生观、价值观和道德观容易发生扭曲和错位，以致盲目效仿西方的生活方式。

三是在网络空间里，各种信息良莠共存，对于是非分辨能力较弱的大学生来说，也较难抵御各类不良信息潜移默化的影响和侵蚀。由此可见，面对网络社会信息膨胀及其传播途径的多样化，大学生思想意识和思维方式的个性化、多元化、复杂化也更加明显，这加剧了大学生思想政治教育工作的难度，传统思想政治教育面临空前挑战，从而对思想政治教育工作的方式、方法提出了新的更高的要求。❶

五、思想教育功能的强化是大学生思想政治教育创新的内在要求

1978 年以来，我国在高校思想政治教育工作方面已经积累了较为丰富的经验，但随着时代的变迁和社会的进步，在大学生群体发生明显变化的条件下，青年大学生的思想极为活跃，更需要科学有效的思想政治教育工作予以引导规范。

就宏观而言，当代大学生的群体构成日益表现出规模扩大、来源多样等特点；就微观而言，当代大学生的生理成熟期普遍前移，心理、思想和社会领域的发展是大学生人生发展的主题。在心理发展方面，当代大学生明显表现出心理成熟期后移、心理矛盾增多、心理压力加大、心理问题多发等特点；在思想行为方面，影响当代大学生思想活动的因素日趋多样，大学生思想的关注点日趋宽泛和分散，思想文化需求日趋多样，价值取向日趋多元。这些新变化和新特点，对大学生思想政治教育提出了一系列新的课题。

---

❶ 郭鹏 . 思想政治教育网络传播研究 ［M］. 武汉：武汉大学出版社，2022.

然而，面对这些变化和挑战，当下我们的思想政治教育工作却显然有所滞后，地位有所降低，功能有所弱化，成效不甚明显，急需改进和提高。随着高校改革的深入发展，受利益驱动的影响，一些高校不能从战略高度把思想政治教育工作作为高校改革和发展的中心环节来抓，存在着思想政治教育工作"说起来重要、忙起来不要"的状况；特别是作为大学生思想政治教育主体的高校教师，在一定程度上也存在着只重视教学科研，而忽视对学生进行思想引导，从而不能很好地发挥大学生思想政治工作的作用。

同时，一些高校的思想政治教育工作不注重从学生的思想实际角度出发，而是一味注重灌输说教，使其往往处于被动应付、消极防范的滞后状态，这在很大程度上存在着理论脱离实际的倾向，从而容易引发青年大学生的逆反心理而遭到抵制，使思想政治工作不能体现其应有的育人作用。具体地说，大学生思想政治教育的道理讲得多、行为指导得少，缺乏针对性、实效性和说服力、感染力，因而往往存在着"虚而不实""知行脱节"的问题，对大学生集中表现出来的不良思想意识和行为缺乏从根本上解决的机制和方法。许多高校目前普遍存在着思想政治教育工作队伍不稳和人才流失严重的问题，致使这支队伍负担沉重不能有效接续，加之工作方法陈旧、效率较低，从而导致大学生思想政治教育的导向功能不能得到有效发挥。

面对这些困难和问题，高校思想政治教育工作必须主动适应新变化、新情况，创新思想政治教育理念和管理体制，努力建构思想政治教育工作方法新体系，不断强化思想政治教育工作的导向功能，从而真正促进大学生思想政治教育工作的有效开展。

第四节 大学生思想政治教育的创新原则

思想政治教育原则是思想政治教育过程中必须遵循的一般指导原理，它贯穿于思想政治教育的目的、任务、内容、形式和方法的整个过程。思想政治教育原则是根据党的教育方针、教育对象身心发展的规律、思想品德生成的规律、道德实践经验、教育学和心理学的基本原理而确立的。由于这些依据在不同的时代具有不同的内容，因此，思想政治教育原则不是亘古不变的教条，思想政治教育工作者应该灵活掌握"变"与"不变"的辩证法，及时总结思想政治教育工作的新原则，实现思想政治教育的创新。本书拟在坚持马克思主义立场、观点和方法的基础上，结合时代发展的特点，对思想政治教育原则作出新的概括。

一、方向性原则

所谓方向性原则，是指在思想政治教育过程中，坚持以马克思列宁主义、毛泽东思想、邓小平理论、"三个代表"重要思想、科学发展观、习近平新时代中国特色社会主义思想为指导，按照完善人、发展人的总目标，在思想道德修养上为教育对象指明方向，使社会主义思想道德成为激励他们进行道德活动的精神力量。思想政治教育的方向性是由教育的阶级性决定的。任何一个阶级社会都要求教育者按照本阶级的利益原则和价值取向确定自己的思想政治教育目标。我国思想政治教育的目标是：培养学生遵守社会公德、公民道德和良好的社会主义思想道德品质，塑造社会主义理想人格，引导大学生做出正确的道德实践活动，树立以国家、人民和集体利益为重的集体主义精神，提倡大公无私、毫不利己、专门利人的共产主义思想道德品质。

思想政治教育是一个非常复杂的教育系统，具有系统的一般特点。系统论认为，系统的一个重要特征就是它的目的性（也称为终极性或方向性）。钱学森指出："所谓目的，就是在给定的环境中，系统只有在目的点或目的环上才是稳定的，离开了就不稳定，系统自己要拖到点或环上才能罢休。"❶ 一般来说，个体最初落在哪个目的点或目的环上，它就会按照这样的点或环的要求生长，沿着它设定的目标发展。所以，在思想政治教育过程中，谁抢先把思想政治教育对象拉入自己的道德轨道，谁就拥有对该对象教育的主动权，也就获得了开展思想政治教育工作的优势条件。当代大学生从小就以社会主义思想道德

---

❶ 钱学森. 系统科学、思维科学与人体科学［J］. 自然杂志, 1981, 4 (1): 4.

要求发展自己的思想道德观念，这为我们做好思想政治教育工作提供了良好的初始条件。

二、整体性原则

所谓整体性原则，是指在思想政治教育过程中，围绕"育人"这一中心工作，遵循整体构建的思路，强调思想政治教育要素之间的协调配合，充分发挥学校、家庭、社会的教育作用，发挥政工队伍、教师队伍、服务队伍的育人功能，全方位、多角度地开展思想政治教育工作，实现"1+1>2"的教育效果。系统的整体性是指整体具有孤立部分机械相加所不具有的特性，它主要是由系统的组成成分按照系统的结构方式相互作用、相互补充、相互制约而激发出来的，是一种结构要素之间的相干效应，其通俗表达就是"整体大于部分之和"。也就是说，系统整体具有的新的性质不是各个要素的线性相加，而是各个要素有机整合后的"矢量和"。恩格斯说："许多人协作、许多力量融合为一个总的力量。用马克思的话来说就是造成新的力量，这个力量和它的一个个力量的总和有本质的区别。"❶ 大学生思想政治工作是一项由许多人共同实施的、由许多环节联系在一起的、由诸多因素互相影响的浩大工程，其各种成分和因素相互依赖、相互制约、相互作用，如果我们不能从总体上把它们协调一致、任其杂乱无章、各行其是，甚至互相掣肘，那么即使各个部门、各个方面、各类人员再努力，也难以达到预期的目的。

因此，我们应遵循整体性原则来开展我们的思想政治工作。

第一，学校教育、家庭教育、社会教育紧密结合，使三个方面的教育互为补充，形成强大的教育合力。

第二，学校的各个部门齐抓共管，一切活动协调配合，形成"教书育人、管理育人、服务育人"的合力体系。

第三，营造适合集体发展的道德目标。实践证明，共同的道德情感可以在人与人之间相互传递与感染，在潜移默化中建立起友好的人际关系和集体氛

---

❶　程天权．充分发挥课堂教学在大学生思想政治教育中的主导作用［J］．学校党建与思想教育，2005（4）：55-56.

围，改善人与人、人与组织、组织与社会的相互关系，从而使人们的思想感情和行为协调一致、形成一种强大的向心力，把人们凝聚在一个组织中。

三、主体性原则

所谓主体性原则，是指在思想政治教育过程中，把各种思想政治教育要素都看成思想政治教育的主体，充分发挥教师、学生乃至思想政治教育环境的主体作用，通过创设和谐、宽松、民主的思想政治教育环境，有目的、有计划地规范、组织各种思想政治教育活动，使学生自主地、能动地生成和建构符合社会与个人双重需要的道德品质。高校思想政治教育的根本任务是使学生将社会的思想道德要求转化为个体的思想品德，这一转化过程是一个极其复杂的思想内部的矛盾运动过程。这种由不知转化为知、由旧思想转化为新思想、由错误思想转化为正确思想的复杂转化过程只能靠受教育者自己去完成，不可能由教育者和任何他人替代完成。

因此，高校思想政治教育应该把学生视为主体，努力发展学生的主体性。实际上，高校思想政治教育完全可以充分发挥学生的主体作用，因为主体的本质决定了他不会消极地适应现有的道德关系，也不会满足于自身已经达到的思想道德境界，而是会在把握思想道德内在规律的基础上，按照社会和自己的双重目的和要求，采取适当的方式、方法和手段，自主地、能动地生成和建构自己的精神世界，实现道德的自由发展。所谓"道德自由"，就是在承认客观道德具有必然性基础上，个体内在的道德需要和外在的社会伦理要求和准则达到的高度统一和本质上的一致，是道德主体积极性、目的性的充分体现。因此，高校思想政治教育应该发展、解放、帮助学生，引导他们追求幸福生活、开拓美好未来，它应该是与学生的自我发展生涯联系在一起的一种积极活动，而不应该成为禁锢学生、束缚学生的途径。

四、利益关怀原则

所谓利益关怀原则，是指思想政治教育要重视人的利益需要，在关注社会共同利益的基础上关怀个人的正当利益，实现义利的完美结合。义利关系一直是伦理学中被激烈论争的一个重大问题。伦理道德是在利益的基础上产生的关于善与恶、正义与非正义、公正与偏私等观念形态，人们的思想道德行为每时每刻都存在着个人与社会、个人与集体、个人与他人之间的经济利益的矛盾。因此，思想政治教育应该调整并处理好个人利益与社会整体利益之间的关系，帮助教育对象分析利益关系，使他们树立国家、集体、个人利益三者兼顾的利益观，做出符合其根本利益和长远利益的选择。

在思想政治教育过程中，我们既要重视集体利益的优先性，又要承认个人正当利益的合理性，在强调个人利益合理性的时候一定要注意不以侵犯社会整体利益和他人利益为前提，因为"每一个人的利益、福利和幸福同其他人的福利有不可分割的联系"❶。道德一开始就是一种调整个人利益与社会利益的行为规范。道德原本的用意就是在于维护社会共同的利益和尊严。实际上，道德的崇高和价值就在于它是共同利益的维护者。❷

五、"黄金法则"原则

所谓"黄金法则"原则，是指在思想政治教育过程中，教育者按照"黄金法则"的基本要求开展思想政治教育工作，向教育对象传授"黄金法则"，使他们能准确地运用这一原则来指导自己的思想道德实践。在许多道德教育学家的著作和几乎现存的每一种宗教知识里，都有关于"黄金法则"的表述，在此，我们采用一种流行的说法，即"像你期望别人对待你的方式对待别人"❸。世界上许多教育学家和心理学家都非常注重道德教育和道德发展中的"黄金法则"问题，都把"黄金法则"视为道德教育的根本，如皮亚杰的经典著作《儿童的道德判断》就体现了这一重要思想。一直以来，"黄金法则"被人们当作最基本的伦理和道德教谕，所以也被人称为"道德金律"。

我们在运用这一原则时，要注意以下两个问题。

第一，我们要向学生传授积极的"黄金法则"。"黄金法则"具有三种形

---

❶ 林庆藩. 新时期大学生思想政治教育的思考［J］. 福建教育学院学报，2005（10）：25-26.

❷ 余亚平. 思想政治教育学新探［M］. 上海：上海人民出版社，2004.

❸ 赵金梅. 新形势下大学生思想政治教育刍议［J］. 哈尔滨商业大学学报（社会科学版），2005（2）：77-78.

式（积极、消极和报复），类似基督教的教义"无论何事，你们愿意人怎样对待你，你也要怎样待人"被认为是积极的形式，类似儒家的"己所不欲，勿施于人"被视为消极的形式，而类似"以其人之道还治其人之身"则被视为报复的形式。我们要倡导积极的形式，尽量避免消极的形式，反对报复的形式。

第二，要让学生正确理解"黄金法则"的意义。由于每个人的社会背景、生活环境、家庭教养、个体修为、兴趣爱好等的不同，导致每个人看问题的角度不同。"黄金法则"要求我们进入他人的角色，超越自我偏见，超出个人的主观性，达到道德评判上的客观性，不偏不倚。

六、生活—实践原则

所谓生活—实践原则，是指在思想政治教育过程中，通过丰富多彩的生活实际，采取教育对象乐于接受的方式、方法，让他们在生活实践中体验道德、发展道德，达到思想政治教育的目的。思想政治教育的过程实际上是人的道德社会化的过程，而人的社会化只有通过社会生活才能实现由"自然人"向"社会人"的转变。著名教育家陶行知先生一生致力于生活教育的研究，他认为"生活即教育"，"生活与生活摩擦才能起教育的作用，我们把自己放在社会的生活里，即社会的磁力线里转动，便能通出教育的电流，射出光，放出电，发出力"❶。离开了社会生活实践，思想政治教育就成了无源之水、无本之木。社会上大量涌现的新问题、新现象、新思想、新道德都来源于生活，都是生活诸多形式的具体体现。

因此，生活对人的教育是最直接、最有价值的，它既有利于学生对道德情感的真实体验，又避免了思想政治教育过程的"假、大、空"。所以，思想政治教育应从生活出发，采用生动活泼的、学生喜闻乐见的、富有艺术魅力的形式，以生活为中心来加以推行。只有这样，学生的思想道德认识才最深刻，思想道德行为才最自然，才能使思想道德观念更有效地内化为自己的思想道德信念，自觉实现由他律向自律的转变，达到道德自由发展的最高境界。

---

❶ 王昌标. 论新时期高校思想政治教育的基本特点［J］. 学校党建与思想教育，2004（6）：89.

七、层次—活力原则

所谓层次—活力原则，是指在思想政治教育过程中，承认思想道德的层次性，允许思想道德追求多样化，使具有不同思想道德层次（指与社会主义思想道德相容的道德层次）的人都能在社会中找到适合自己生存与发展的空间，找到激发自己不断向高一级层次思想道德目标前进的动力，把思想政治教育工作保持在具有层次性的复杂阶段，从而保持思想政治教育工作蓬勃向上的青春活力。传统的思想政治教育观认为，道德或伦理就是纯而又纯、高而又高的东西，似乎只有先人后己、无私奉献才是道德的。其实不然，道德是具有层次性的。如果思想道德要求只是"大一统"的高标准，那么，人们的价值追求就会趋向于同一目标，这样就容易引发人与人之间的冲突。如果承认思想道德的层次性，则可以将人们的思想道德追求分散为各种层次，这就大大降低了人与人之间的冲突概率，也就在无形中增加了思想政治教育的吸引力和活力。

我们以往的思想政治教育工作缺乏吸引力和活力，不是因为我们的理想太高，而是因为没有注意层次性；不是因为我们的导向不准，而是因为不允许多元思想道德观念的存在；不是因为我们的教育观念落后，而是因为教育方式、方法的死板；不是因为我们的理论不科学，而是因为我们缺乏创新。在新的形势下，我们的思想政治教育工作需要讲究层次性，讲究创新，讲究活力，不能把思想政治教育对象管得过于严格，应该激活他们的思想，增加各种思想道德层次的吸引力，给他们多一些自由思考的空间，使他们在不同层次上表现出不同的青春活力，使思想政治教育工作保持旺盛的生命力。

八、冲突—进化原则

所谓冲突—进化原则，是指在思想政治教育过程中，正视思想道德观念多元化的冲突，注重思想道德冲突的存在，在教育者正确引导的前提下，通过创设各种不同的道德情境，让学生走进道德冲突的场合，间接体验各种场合的道德，辨析各种道德的利害实质，然后理性地走出冲突，树立正确的人生观、价值观和道德观。按照进化论的观点，进化的过程是一个不断出现冲突，不断选择又不断化解冲突的过程。

同样，道德的进步也是在道德冲突中理性选择的结果。恩格斯指出："历史是这样的创造的，最终的结果总是从许多单个的意志的相互冲突中产生出来。"❶ 在经济全球化的历史条件下，各种道德观念、生活理念的冲突到处存在，各种思想道德的影响也同时存在于学生的头脑中。在这种挑战面前，我们不能畏缩不前，而应该积极地在思想道德观念冲突的环境中开展教育工作，使学生在处理现实的思想道德问题、体验思想道德冲突的过程中增加对社会主义思想道德规则的认识和理解，不断提升自己的思想道德境界。

第五节　大学生思想政治教育面临的机遇和挑战

随着时代的发展、科技的进步和高等教育改革的深入，以大学生为主体的思想政治教育工作发生了一系列变化。这些给大学生思想政治教育工作带来机遇的同时，也带来了巨大的挑战。

一、大学生思想政治教育面临的机遇

（一）教学空间得以扩展

互联网无时不在、无处不在的特点极大地改变了大学生获取信息和表达信息的方式，使思想政治教育的教学空间得以扩展。

一方面，传统的思想政治教育主要是在教室、会议室等地方进行，教育活动空间有限，而且必须集中在教师和学生都能到场的固定时间，很难利用零散的、碎片化的时间。而互联网的发展为大学生思想政治教育工作提供了更为便捷、灵活的渠道，只要通过移动终端接入互联网，教师和学生便可以随时随地进行交流和沟通，不受时间和空间的限制。

---

❶ 周亚夫. 学习贯彻《关于进一步加强和改进大学生思想政治教育的意见》的几点思考［J］. 南京医科大学学报（社会科学版），2005（1）：120-121.

另一方面，传统课堂上的教育载体，包括电视、台式计算机等，由于受自身实体的限制，即便是在课堂上也很难被学生充分共享，更不可能在课后随时随地被学生使用。而通过网络连接，每一部手机都可以作为一台小型的个人计算机供人们使用。学生通过手机不仅能获取海量信息，而且能将有价值的信息存储起来。

（二）教学内容得以丰富

互联网的内容涉及政治、经济、军事、文化、科技、教育、体育、卫生、娱乐等各个领域。网络的开放性不仅使教育者可以利用网络及时获取丰富的教育资源，了解国内外先进的教育科研成果，也使受教育者可以根据自己的兴趣需要浏览和下载相关信息。互联网的资源共享使得不同国家、不同地区的思想政治教育组织可以共享相同的教育资源，从而扩大了思想政治教育的覆盖面，实现了思想政治教育资源的利用最大化。从这个意义上说，"互联网+"真正实现了"网络有多大，思想政治教育的舞台就有多大"。

1. 拓宽了思想政治教育者的信息获取渠道

通过互联网，凡是有利于开展大学生思想政治教育工作的信息资料、政策文件都可以被找到、被利用，这极大地丰富了大学生思想政治教育工作的内容。互联网不但开阔了人们的眼界、丰富了人们的生活，而且促进了人类文明成果的交流和世界文化的创新。这些新的人类文化成果不仅丰富了思想政治教育的内容，也拓宽了思想政治教育的文化视野，还形成了新的思想政治教育环境。随着网络建设的进一步发展，大学生思想政治教育工作的信息获取渠道还会进一步被拓宽。

2. 提高了思想政治教育资源的传播率和利用率

由于互联网特有的信息可复制性、共享性、实时传输性等特征，有关专家、学者或名师的辅导、电视教育专题片都可以通过网络进入课堂。交互式远程教育使不同学校的学生同时接受名师授课的教学方式成为可能，既缓解了师资紧缺的问题，又免去了授课者的舟车劳顿之苦。此外，大学生通过在网上下载学习资源，极大地提高了思想政治教育资源的传播率和利用率。

3. 调动了大学生获取信息的主动性与参与性

网络让大学生可以从任何一个设有终端的地方随时获取自身需要的知识，

迅速了解国内外正在发生的政治、经济、社会等方面的信息。通过互联网，大学生既可以方便地获取大量信息，又可以自由地进行思想交流，这极大地激发了大学生的求知欲和想象力，最大限度地调动了大学生获取信息的主动性与参与性。

（三）教学方法和教学平台得以创新

1. 互联网为大学生思想政治教育工作提供了新方法

网络技术的快速发展使得知识不仅可以用文字的形式来表示，还可以用视频、图像和音频等多种形式来表示。多媒体具有的多重感官刺激功能，使多种感官同时感知的学习效果明显优于单一感官感知的学习效果。虚拟现实技术通过计算机创造真实的受教育环境，三维的图像、虚拟的声音及感触可使受教育者有身临其境之感，其教学效果是传统的教学手段无法达到的。这对于一贯以说教形式出现，让学生感到枯燥无味的思想政治课来说，无疑有着积极的意义。过去由于受教学条件的限制，教育者无法真正做到因材施教，而在多媒体环境下，学生个性化学习、小组协作学习、交互式学习等新的学习模式就有了实现的可能。❶

（1）增强思想政治教育的时代感。大学生思想政治教育有着鲜明的时代特征，教材中关于国际关系、市场经济、社会制度等方面的知识与社会热点问题有着紧密的联系，互联网的即时性有助于教师和学生对这些热点信息的获得。许多网站都具有较高的信息更新率，能在重大事件发生后及时将它报道出来，让高校师生随时了解世界各地正在发生的大事，真正做到"足不出户，尽知天下事"。

（2）打破思想政治教育的空间限制。无论是近在咫尺还是远在天涯，网络都能把人们聚集在一起，这是网络时代大学生思想政治教育工作特有的优势。信息网络技术的应用可以将世界各地的图书馆、科研机构等教育资源联合在一起，实现资源共享最大化，从而使高校师生能够更加便利地学习先进的科技知识和文化艺术。

2. 互联网为教育者与受教育者提供交流的新平台

传统的思想政治教育活动主要是通过课堂教学开展的，学生对教师既尊敬

---

❶ 万娟. 基于创新发展的高校思想政治教育研究 ［M］. 长春：吉林大学出版社，2022.

又畏惧。个别谈话是教育者与受教育者的沟通方式之一。这种沟通方式使大多数学生被动地接受思想政治教育，因而导致思想政治教育的时效性不高。在互联网环境下，一方面，学生和教师可以利用微信、电子邮件等实现一对一、一对多或者多对多的交流，这不仅极大地提高了思想政治教育工作的效率，也改变了传统的师生交流方式；另一方面，网络的虚拟性淡化了教育主体的绝对权威，为交流双方提供了一个相对宽松和隐秘的空间，从而使交流双方在平等、自由的空间里进行良好的沟通，实现真正意义上的互动。互联网的出现使学生和教师之间的信息沟通有了极大的改善，满足了信息时代对大学生思想政治教育工作的要求。

当前，互联网为大学生提供了一个超越时空的虚拟网络平台，方便和促进了大学生与外界之间的信息交流。互联网具有开放性、平等性和互动性等特点，打破了时间、空间、社会地位等限制，使大学生可以"走近"任何自己想要接近的人和事，从而有利于丰富他们的精神世界、开阔他们的视野，使他们具有世界眼光。随着移动终端功能的进一步开发，大学生之间的通信体验将更具交互性。借助微信、微博等工具，大学生不仅可以进行个体之间的联络，还可以进行群体之间的联络，这有助于增进人与人之间的情感，突破人际交往的单向模式，扩大大学生人际交往的范围。

（四）教学的实效性得以提高

在互联网环境下，教师能够及时了解学生的真实想法、掌握学生的心理动态，同时，互联网有利于疏通沟通渠道，从而提高思想政治教育工作的实效性。

1. 及时掌握学生动态，快速处理各种情况

通过互联网，人们可以快速了解世界上任何一个地方最新发生的有关经济、政治、文化等方面的大事。这种即时、准确、高效的信息传播方式有利于教师及时掌握第一手的信息资料，帮助学生解答疑惑，避免出现以往思想政治教育工作中信息传播渠道堵塞的情况。

2. 拓宽了沟通渠道，提高了思想政治教育工作的针对性

受传统思想观念的影响，学生普遍对教师存在畏惧心理，不愿意也不敢把

自己的真实想法告诉教师，这使得教师很难真正掌握学生的思想动态，而错过了开展思想政治教育工作的最好时机。借助互联网，教师可以通过 QQ、微信等组建班级群来创建新的沟通渠道。教师的一条普通的勉励短信、一句简短的留言、一条不经意的微博评论都可能对学生产生激励作用。互联网拓宽了师生之间的沟通渠道，有利于实现真正意义上的师生互动。

二、大学生思想政治教育面临的挑战

（一）市场经济的冲击

由传统的计划经济体制向社会主义市场经济体制转变，是发展我国社会生产力，改善和提高人民生活水平，加快社会进步的必然要求。改革开放 20 多年来的社会巨变向国人充分昭示了这一伟大变革的辉煌成就。

但是，在物质文明提高的同时，物质主义、享乐主义、个人主义的盛行，在某种程度上已经暴露出现代人精神价值的失落，人与人的关系被物化为一种商品关系与金钱关系。现代生活从整体上表现为价值的失落及人与崇高的疏离。现代化运动本质上是一个世俗化或物质化的过程。正是物质活动与物质需求的过分张扬，以及它对精神活动与精神需求的排斥，致使人的物质维度得到彰显，精神维度被隐匿，最终导致人与崇高的疏离。人与崇高的疏离是现代化的一个副产品。人的生活的表浅化是人与崇高疏离的表现之一。人们无暇探求生活的意义与价值，不再追问什么是美好生活。人的伦理与精神维度的隐匿是人与崇高疏离的又一种表现。追求财富的欲望使人成了一个终日忙碌而冷漠的逐利者，人的精神性与伦理性则几乎失去了发展与培育的机会。在人的物质维度过度膨胀的同时，人的精神与伦理维度在逐渐凋敝，而人的精神与伦理是人走向崇高，实现价值的人性基础，也是人相互理解和认同的人性基础。

人与崇高的疏离在当前的教育中则体现为教育的功利主义。实用知识、职业技能、教育证书等成为接受教育的全部理由，而教育本身也正在成为一种工艺流程，操作固定的模式，为工业社会培养标准化的人才。人与崇高的疏离刚好与思想政治教育的方向相悖。面对现代生活的这种整体性的表现，思想政治教育也显得非常困惑。

（二）沉迷网络的问题

全球互联网的出现及迅猛发展，给人类的生活带来了巨变，"数字化生存"这一巨大的神话正在成为现实。一方面，网络正在改变传统的教育形态，预示着教育信息化时代的到来；另一方面，网络也正在为思想政治教育制造一个新的难题。

多元异质道德文化对"中心—边缘"两极框架的瓦解。网络没有中心与边缘、主流与非主流之分，不同国家、不同地域的异质伦理文化，不同时段、不同类群的道德规范，都能在网上共存。这使得人们有了充足的机会去领略多样化的异质道德文化，并激起他们去进行比较与评判。在这一过程中，主流的德育话语框架很难控制受教育者的道德品性的养成，受教育者道德价值的"无中心化"的局面就此形成，传统道德教育设定的"中心—边缘"两极框架被消解。

所谓的"中心—边缘"两极框架，就是强调主流文化与主流意识形态的导向作用，对是与非、美与丑、善与恶、先进与落后、庸俗与优雅等有着清晰的划界。当"中心—边缘"两极关系不复存在的时候，受到中国主流道德文化抵制的"道德相对主义"就开始流行，不同的人持有不同的道德判断标准的局面就此形成。

网络行为的自由性导致控制手段的失效。全球性的互联网是一个开放的结构，它突破了地域、国界的限制而成为了一个超物理空间。同时，互联网一开始就被设计为一个分散式的体系结构，没有权力中心的控制。由于网络本身的自由开放性导致了网络行为的自由性，网络中接受信息又制造信息的行为被认为是一种私人通信行为。网络技术为网络信息的发布提供了多样的可供自由选择的手段。网络行为的自由性，必然会导致各种非法信息充斥着网络。技术手段也许可以对网络行为的自由性进行一定的控制，但控制的结果，势必会造成"自由性"这一网络根本特性的丧失，这是一个两难的问题。网络行为的自由性会导致一些常规的控制手段对网络行为失去效力，进而导致无政府主义。无政府主义表现为对权力和规则的漠视，以及社会责任感的淡化。高校德育一直在试图控制和消除无政府主义，而网络为其提供了一种理想的滋生场所。

人机交往与"网络沉溺"导致道德冷漠和心灵扭曲。人们必须通过机器才能进入网络世界，网络时代人与机器的交往正逐步替代人与人之间的交往，人在成为机器的附属物；同时，人对网络的过度依赖，造成了人类生活的一种异化现象——"网络沉溺"。人机交往中缺乏人际交往中那种直接的思想、情感、知识、话语的交流与体验，而人际交往的直接感受性、可视性与亲和感的丧失，意味着一种平等互助、和谐相处的道德关系难以形成。人机过度交往与"网络沉溺"导致的人与人的疏离，师生共同生活在一起，却彼此之间并不真正相识，更谈不上真诚的交流与人格的相互照亮，也使得榜样示范这一经典的思想政治教育方法失效。另外，传统思想政治教育力图去建立的所谓共同的理想、共享的价值观也会成为一场空想。

（三）"四个多样化"的影响

随着改革的推进和互联网的发展，我国的社会生活出现了经济成分和经济利益多样化、社会生活方式多样化、社会组织形式多样化、就业岗位和就业方式多样化这"四个多样化"的局面。"四个多样化"的出现和存在，是社会进步的标志，是人们生活日益丰富多彩的体现，同时也给思想政治教育造成了新的困境。具体来说，由于市场经济体制的不完善和市场经济自身的缺陷，给人们的价值观形成带来了消极的负面效应。给思想政治教育造成的困境主要表现在以下几个方面。

（1）从价值观念上看，一部分人认为市场经济就是个人在追求利益，他们在利益关系的驱动下，置国家利益、集体利益、社会利益于不顾，讲究所谓的"平等交易""奉献与索取等价"，从而走向自私自利的个人主义。政治观念的淡化、理想信念的动摇，对建设有中国特色社会主义缺乏信心，以致陷入精神空虚和颓废状态。

（2）从行为规范上看，社会上的一些领域和一些地方道德失去规范，是非、美丑界限混淆，拜金主义、享乐主义、极端个人主义有所滋长，见利忘义、损公肥私行为的时有发生，不讲信用、欺骗、欺诈成为社会公害，以权谋私、腐化堕落现象严重。一部分人把金钱和既得利益看作衡量价值的尺度，把知识和能力作为待价而沽的资本。这些问题不解决就会损害正常的经济和社会秩序，损害改革开放的大局。

（3）从生活方式上看，"四个多样化"促使人们的社会生活标准和方式发生了巨大的变化。追求科学、文明、健康的生活方式已经成为人民群众的自觉行为。人们的生活观念和生活态度趋向更加务实和开放，生活情趣和爱好更加广泛多样，更加突出自己的个性。人们的生活节奏加快，收入提高，活动空间增大，物质文化生活更加丰富多彩，文化娱乐及休闲方式也呈现多样化的趋势。在人们生活观念和生活态度发生变化的同时，人们的衣、食、住、行、用等方式也发生了根本的变化，呈现出消费方式、交往方式和社会服务方式的多样化。这种变化使人们更多地向往和热爱美好的新生活。❶

另外，也确实存在一些不文明、不健康的生活观念和生活方式。拜金主义必然滋生享乐主义，个人主义必然导致奢侈浮华的生活作风。市场经济条件下的这些社会弊病给思想政治教育提出了新的挑战。

---

❶ 裴孝金，宋晓宁．思想政治教育创新研究［M］．长春：吉林大学出版社，2022.

第二章　大学生思想政治教育理论知识

大学生思想政治教育有着深厚的理论基础，大学生思想政治教育工作的开展应该紧紧围绕这些理论基础展开。大学生思想政治教育要充分吸收其他学科教育的相关经验，并结合我国大学生思想政治教育的现状对相关经验进行应用。此外，国外先进的教育理论和教育经验也可以为我所用，成为推进我国大学生思想政治教育的工具。

第一节　大学生思想政治教育的理论基础

大学生思想政治教育的基本理论基础是马克思主义，最主要或最直接的是马克思主义中的有关基本原理和理论，涉及马克思主义关于个人与社会关系的理论、马克思主义青年观和马克思主义关于人的全面发展的理论。

一、马克思主义关于个人与社会关系的理论

个人和社会之间的关系是唯物史观理论中重要的组成部分，这个问题首先在马克思主义中得到了解决。

（一）马克思主义关于个人与社会关系理论的发展研究

1. 从青年黑格尔派向唯物主义的转变

在 1843 年之前，马克思主要受到青年黑格尔派的影响，直到 1843 年，马克思开始突破青年黑格尔派的局限，寻求新的转变，即他开始转向唯物主义。

通过对黑格尔的唯心主义国家观进行质疑和批判，从而开始对人的本质进行认识。在这个阶段，马克思将人的本质定义为"社会性"。在对人的本质进行了深入研究之后，马克思开始进一步研究个人与社会的关系，他认为国家是由人组成的，国家的实质也就是人的实质，而家庭、组织、社会、国家都只是人们存在的社会形式，是实现人的本质的具体载体。马克思认为："人永远是社会组织的本质，但是这些组织也表现为人的现实普遍性。因此，组织是人所共有的。"这些观点表明，马克思对个人及社会的关系进行了唯物主义的思考，并给出了相对科学的定义。

2. 唯物史观雏形的形成

到了 1844 年，马克思开始创立唯物史观，在《1844 年经济学哲学手稿》中，马克思对资本主义异化劳动进行了深层次的剖析，进一步对个人与社会的关系进行了阐述。马克思总结资本主义的异化劳动中的"异"主要表现为劳动产品与劳动工人相异化，以及劳动活动与劳动工人相异化，他将这两种相异化都看作人类的本质和人本身的相异化。

马克思将共产主义看作解决人和人之间、人和自然之间所有矛盾的根本方法，是解决个体和社会冲突的直接途径。也就是说，在未来的共产主义社会中，异化劳动将不再存在，社会不再对人进行统治，而自然会处在人的控制之下，在这样的情况下，人与社会就自然而然地完成了统一。马克思将这种个人与社会之间的辩证关系广泛运用于对未来共产主义社会的构想中。

3. 从旧唯物主义向历史唯物主义的转变

标志着马克思从旧唯物主义到历史唯物主义转变的著作是《关于费尔巴哈的提纲》。在该书中，马克思对人的本质进行了详细、科学的说明，他认为，人的本质是具有现实性的所有社会关系的集合，而不是单个个体固有的抽象物。人无法离开历史进程而存在。此外，马克思还在《德意志意识形态》中对个人与社会的关系再次进行了阐述，在这个阶段，马克思对于人的本质的理解已经上升到了社会关系这个现实关系的角度上了，实现了从旧唯物主义到历史唯物主义的转变。

（二）马克思研究方法的转变

1. 研究方法的转变

马克思改变了研究人的本质的方法，坚持将人本身作为研究的出发点。马克思认为，人是多种性质的统一，人的本质是自我肯定。因此，研究人性和人的本质问题必须从人本身出发，排除神学、宗教等观念的干扰，这是马克思主义向唯物主义转变的突出体现。

2. 从劳动角度理解人的本质

马克思将劳动看作是将人和动物区分开来的有意识的生命活动。马克思不仅克服了自然主义本质观中机械唯物主义的片面性，而且避免了理性主义本质观的唯心主义。马克思这种从人的劳动，也就是从人的实践活动的角度来理解人的本质的方法，对于整个马克思对人的本质的理论体系来说都是一个重大的突破。

3. 从物质条件把握人的本质

除了从人本身及人的实践活动两个方面理解人的本质，马克思还主张从人的物质生活条件来了解人的本质。马克思主张从人的物质生活条件来理解人的本质是由于人们永远是处于社会关系之中的，而社会关系是由于人们在社会中开展劳动和其他实践活动而形成的。从这个角度对人的本质进行定义，马克思得出"人的本质就是人的社会联系"这一结论。

（三）马克思关于人与社会的关系的理解

在经历了上述思想发展阶段，并对研究方法进行改正之后，对于人与社会的关系这一问题，马克思给出了自己的解释。

1. 社会是人的社会

马克思认为，社会是人的社会，没有人，社会也就不可能存在。社会的形成伴随着人的发展。人和社会之间存在互为基础、互为结果的关系。如果将社会看作一个复杂的有机体，那么社会的产生、构成及发展过程中存在的有机性完全是起源于人的有机性，是因为社会是人存在和发展的载体，因此，社会才具有有机性。因此，在任何社会的关系中还存在一个社会历史前提的问题。

马克思在创立唯物史观的时候提出，唯物史观必须从"现实的个人"出发来研究人的本质及人和社会的关系。这是因为，历史存在的前提是有生命的人的存在，因此要首先确定"肉体组织"的存在，然后再讨论受到肉体组织制约的人与社会的关系。

马克思认为，"现实的人"一定是处于一定社会历史条件中的，并且存在于一定的社会关系中。无论是何种形态、何种形式的社会，其都是人的交互作用的结果；而社会的主体只能是人，但是这些人是存在于一定的相互关系之中的，也就是说，社会其实就是处于社会关系中的人本身。人所处的社会关系主要包括生产关系、家庭关系、阶级关系、政治关系、交换关系等。这些关系的主体是个人，同时这些关系也是在个人的相互作用下产生的。因此，马克思得出结论：人是什么样，社会就会是什么样。从这个角度分析，我们不难理解，马克思定义下的"现实的人"并不仅是人这个个体，而是存在于一定社会关系中的人。同时，社会历史也不是别的事物的历史，而是由处于社会关系中的"现实的人"在生产和交往活动中创造出来的历史。

2. 人是社会的人

马克思认为，人是社会中的人。马克思将社会看作人存在的形式和载体，而他认为仅仅具备物质结构和功能的生命个体不能算作真正的人，真正的人是现实的人，是存在于社会关系中的人。因此，人与社会是无法分离的，只有存在于一定社会关系中并和其他人发生关联的时候，人才是真正的人。人无法脱离社会孤立地存在。

人是社会的存在物。人类存在的本质实际上是社会生存。作为社会的存在物，人的生命表现，无论是否是与他人一同完成的，都是社会生活的体现。马克思认为："人的个人生活和类生活并不是各不相同的，尽管个人生命的存在方式必然是类生活的较为特殊或较为普遍的方式。"❶ 社会和个人不是对立存在的，人是社会整体中的一部分，人的个人生活方式无论是表现出其独特的个性，还是表现出一类群体的共性，在本质上都是社会生活的重要体现。

人和人的生产能力都是单方面的，但是为了满足自己多方面的需求，个人就需要和其他人进行分工合作，实现生产交换和互补，从而实现满足个人需求

---

❶ 马克思. 资本论［M］. 呼和浩特：远方出版社，2011.

的目的。从这个角度上不难看出，个人只有通过在社会关系中同他人建立联系才能获得生存和发展。

从表面上看，每个人都是独立存在的个体，但是人的本质还是社会的，人并不是抽象地存在于世界之外的事物，而是构成国家、世界的元素，本质上就是国家，就是社会。除了物质生产，人的脑力劳动和科学研究从本质上来看也是社会的活动，这是因为我们进行脑力劳动、开展科学研究需要的材料和条件都是社会提供的。因此，人是社会的人。

二、马克思主义青年观

马克思主义青年观是马克思主义创始人、马克思主义经典作家们运用辩证唯物主义和历史唯物主义的世界观和方法论来分析研究青年，从而揭示出的正确认识和对待青年的基本原则和理论观点。马克思主义青年观是我们认识和研究青年的理论指南，是培养和教育青年的思想武器。学习和掌握马克思主义青年观，对于正确认识青年、做好大学生思想政治工作，具有重大的指导意义。

（一）马克思主义关于青年特点的理论

1. 青年是变革现实的新生力量

马克思主义者十分重视青年的力量，认为青年热情高、干劲足、敢说、敢干，是革命和建设中的先锋队和突击队，对青年在社会历史变革中的地位和作用给予了充分肯定。早在 1845 年，恩格斯在给德国一家报社的记者的信中就预见，德国将发生光荣的革命（无产阶级革命），他肯定实现这一变革的将是德国的青年。可见，恩格斯已充分认识到青年是勇于变革现实的新生力量，是积极进行社会革命的主力军，他把无产阶级取得革命胜利的希望寄托在青年一代身上，热情赞扬了青年的革命精神。

2. 青年是社会主义事业的未来和希望

马克思主义唯物史观认为，人类社会的发展是代代相传的，老一辈革命家开创的事业要靠青年一代来继承。实现共产主义是一个相当长的历史过程，不是一两代人就能完成的。因此，马克思主义者将培养共产主义的接班人放在十分重要的地位。从根本意义上来说，培养无产阶级革命事业的接班人，是关系着老一辈革命家开创的事业能否后继有人的问题，是关系着党和国家的领导权能否继续掌握在马克思主义者手中的问题，是关系着我们的子孙后代能否继续沿着社会主义道路前进的问题。这是无产阶级革命事业的百年大计、千年大计、万年大计，我们绝对不可麻痹大意。

3. 青年是各种阶级力量争夺的对象

青年是整个社会中最积极、最有生气的力量，但他们缺乏社会经验，世界观尚未完全确立，因此在阶级社会中，青年成为各种阶级力量争夺的对象。无产阶级在反对剥削阶级的统治和建设社会主义的斗争中十分重视青年力量和对青年的培养，而资产阶级和一切剥削阶级总是竭力和无产阶级进行争夺。毛泽东早在井冈山斗争时期就十分重视争取青年群众的工作，指出取得青年群众的支持，是整个宣传任务中的一个重要任务。

（二）马克思主义关于青年教育的理论

1. 对待青年要信任并对其进行引导

马克思主义者对待青年的态度是：充分地理解青年、坚定地信任青年、热情地帮助青年。青年正处在由不够成熟逐步走向成熟的过渡阶段。在他们身上，既有突出的优点和长处，也存在明显的弱点和不足，要把他们培养成为坚定的社会主义建设者和接班人，一是要热情关怀他们，二是要严格要求他们。恩格斯在《致爱利莎·恩格斯》的信中，对一个叫卡尔·济贝尔的青年给予了充分的理解、关怀和帮助，他认为济贝尔正处在发育时期，还不成熟，不能求全责备，应该用发展的眼光看待他，抓住主流给予他充分肯定。这才是对青年的理解和信任的态度。

马克思主义者对青年的信任和关怀是建立在正确认识和对待青年的基础上的。要引导他们发扬优点、克服弱点，健康成长。要允许青年犯错误，允许青年改正错误，即使对那些思想比较后进、毛病比较多的青年，也不能抛弃他们，而是应该满腔热情地教育和帮助他们。容不得青年的过失，有点错误就横加指责，这不是马克思主义的态度。

2. 教育青年要全面发展

马克思主义认为，个人的全面发展是未来社会发展的基本要求。这就是说，未来社会生产力的高度发展，要求青年迅速摆脱由于分工造成的片面性，成为全面发展的和受到全面训练的人，即会做一切工作的人。青年的全面发展，既包括政治思想和道德品质，又包括科学文化知识和才能，还包括健康的体质。作为社会主义的一代新人，应当是既能从事体力劳动，又能从事脑力劳动，既具有社会主义觉悟，又具有丰富的知识和能力，既有高尚的道德品质，又有强健的体魄的人。这是马克思主义对青年全面发展的基本要求。

今天，在社会主义条件下，必须要求青年在德、智、体各个方面进行发展。同时特别强调把德育放在首位。德、智、体三个方面是相互联系、相互促进、相辅相成的，我们强调把德育放在首位，但丝毫不意味着可以把智育和体育摆在次要的位置。但是，从实施全面发展教育的整体要求来讲，德育是起保证作用的。只有把德育放在首位，并有机地渗透到各项业务活动中去，才能推动和促进智力、体力健康发展。

3. 教育青年要理论联系实际

在实施对年轻一代的教育中，马克思主义特别强调必须坚持理论联系实际的原则。只有坚持以理论联系实际的原则教育青年，才能使青年从实践中加深对知识的理解，并善于运用知识解决实际中的问题，培养言行一致的作风。

首先，必须学习理论。马克思主义认为在传授知识、学习理论的过程中，要坚持灌输原则、循序渐进原则与说服教育原则。灌输指的是有领导、有计划地向青年传播革命理论，帮助他们树立辩证唯物主义与历史唯物主义的世界观，培养共产主义思想和道德品质。其次，学习理论的目的是运用理论指导实践，因此马克思认为学习理论必须坚持同生产劳动相结合的原则。他在《资本论》中指出："生产劳动和智育、体育相结合，它不仅是提高社会生产的一种方法，而且是造就全面发展的人的唯一方法。"❶ 并应引导青年积极投身社会实践中去。

4. 青年成长要投入社会实践，与工农群众相结合

马克思主义十分关心青年的成长，并把参与社会实践看作青年成长的必由之路。其原因有以下几点：

---

❶　卡尔·马克思. 资本论［M］. 徐靖喻，译. 北京：煤炭工业出版社，2016.

（1）青年从书本上得来的知识，是不完全的知识，只有把书本知识与实际斗争结合起来，才能变为完全的、有用的知识。

（2）青年的最大弱点是缺乏实践经验，看问题容易片面、急躁，甚至脱离实际，走与工农群众相结合的道路，能在实际斗争中经受锻炼，增长才干，使自己变得成熟起来。

（3）青年与工农群众打成一片，有利于了解群众疾苦，培养工农感情，继承和发扬艰苦奋斗的作风。

马克思主义认为，青年仅仅掌握一定的书本知识，还不能完全成才。只有把书本知识同社会实践结合起来，并运用知识造福国家、造福人民，在社会主义建设中做出了实实在在的贡献，才能真正成为人才。正如毛泽东指出的："知识分子如果不和工农民众相结合，则将一事无成。"投入社会实践，与工农群众相结合是青年成长的必由之路。

三、马克思关于人的全面发展的理论

（一）人的全面发展问题的提出

人的全面发展问题的提出最早是针对私有制条件下的旧式分工的，旧式分工造成了劳动者片面地、畸形地发展。古代社会的生产形式主要是手工生产，劳动者依靠经验积累生产技能，从而只需要付出体力劳动，而资本家只需要管理和控制劳动者就可以获得财富，这样的分工方式使得无论是劳动者还是资本家的个人发展都是片面的、不完整的。

到了19世纪后期，随着工业革命的到来、科学技术的进步，大机器逐渐进入了社会生产的过程，社会生产的分工越来越细，经过专业分工，劳动者被分配到固定的岗位上进行机械的重复劳动。这种生产分工导致人的发展是畸形的。但是随着科学技术的发展，社会分工开展对社会化程度提出较高的要求，社会分工对于社会化程度的高要求与劳动者的机械劳动之间产生了矛盾。为了解决这个矛盾，马克思提出了人的解放，他指出，通过教育，可以帮助年轻人掌握生产系统中的各个环节，从而根据自己的兴趣选择自己的工作，这就明确地表达了人的全面发展这一思想。

（二）马克思关于人的全面发展的科学内涵

人的全面发展理论是马克思主义学说的核心理论，马克思主义所有的学说和理论，归结为一点就是实现人的自由和解放，促进人的自由全面发展。马克思主义人的全面发展理论有着十分丰富的内涵。正确认识和梳理人的全面发展的科学内涵，是我们推动实现当代大学生全面发展的基本前提。

1. 人的全面发展是指劳动能力的逐步提高

马克思在《1844年经济学哲学手稿》中指出："劳动这种生命活动、这种生产生活本身对人来说，不过是满足他的需要，即维持肉体生存的需要的手段。而生产生活就是类生活。这是产生生命的生活。一个种的全部特性、种的类特性就在于生命活动的性质，而人的类特性恰恰就是自由的有意识的活动。生活本身仅仅成为生活的手段。"❶ 由此可以看出，人的类特性就在于自由自觉性。劳动，作为人的根本实践活动，创造了人，也造就了人的类本质。因此，劳动能力的强弱和劳动水平的高低，直接决定并且反映着人的自由自觉性的发展程度，劳动能力的全面发展，成为人自由全面发展的根本。

2. 人的全面发展是指人的多重需要的极大满足

在马克思看来，正是人的需要的发展和需要的不断满足推动着人类和人类社会的文明进步。人的需要是人的意识活动及其他各方面行为活动的内在动力。人的需要是多样的和多层次的，不仅有物质需要，还有精神需要，精神需要中又有发展需要、自我实现的需要等。人们总是在旧的需要得以满足的基础上产生新的需要，从而推动各项事业的发展。所以，马克思指出，人的需要的发展证明了人的本质力量和人的本质的充实。人的需要具有层次性，需要形式的日渐多样，以及需要的不断得以满足，推动着人的全面发展，进而推动人类社会的全面进步。

3. 人的全面发展是指人的社会关系的不断丰富

人的本质属性是社会性。人是处于社会关系中的人。人的发展与其社会关系紧密相连。马克思在《关于费尔巴哈的提纲》中指出："人的本质不是单个人所固有的抽象物，在其现实性上，它是一切社会关系的总和。"人总是社会

---

❶　汪海燕. 马克思《1844年经济学哲学手稿》研究读本［M］. 北京：中央编译出版社，2017.

的人，总是在一定的社会关系中生存和发展的。任何一个人能力的形成、发展和完善，都离不开特定的社会关系。人社会关系的发展，是个人形成的社会关系日益普遍化、全面化的过程。每个人都有自己的社会圈，每个人每天都在同他人交往着，只有在同他人交往的过程中，人才能发展，所以，个人的发展通常取决于与他发生交往的人。一个人的社会交往程度越高，社会关系越丰富，他的视野就会越开阔，获取的信息、知识、技能、经验就越多，能力的发展就越快，进步就越全面、越迅速。

4. 人的全面发展是指人的独立个性的自由发展

从马克思关于人发展的三个阶段来看：第一个阶段，是人对人的依赖，人的个性被淹没在畸形的人际关系之中；第二个阶段，在对物的依赖的基础上，人的独立性有所发展，人的个性有所表现；只有到了第三个阶段，即自由个性的阶段，生产力高度发展，社会财富极大丰富，人们才注重追求个性的自由发展，这一阶段也被称为"自由人的联合体"阶段。人的个性的自由发展程度，是人的全面发展的综合表现。人的全面发展，是以人的个性的自由全面发展为基点，而人的个性的自由全面发展的程度，代表了人的全面发展的优劣。

第二节　大学生思想政治教育的相关学科理论

大学生思想政治教育研究要在新的历史条件下实现理论的发展创新，离不开相关交叉学科的视野。这一视野对于大学生思想政治教育研究质量的提升、学科建设的推进和研究者能力的提高都具有非常重要的价值。

一、心理学理论对大学生思想政治教育的引导

心理学是研究认识、情感、意志等心理过程和能力、性格等心理特征的科学。心理学在一般意义上研究了人的心理活动的本质和规律以及如何培养健康的心理，大学生思想政治教育必须吸取和借鉴心理学提供的一般理论和方法。

在大学生思想政治教育的过程中，应注意把大学生的心理障碍和政治、思想意识问题的区别和联系把握好，必须以教育对象的心理活动为规律来开展教育活动。

（一）心理学关于个性心理形成与发展的理论

心理过程是人共同具有的，但这些过程具体表现在每个人身上却存在差异，这些个体差异的表现称为个性心理，它是个体身上表现出的比较稳定的心理特征。"人心不同，各如其面"，这句话充分说明了人的个性心理差异普遍存在。教育实践证明，深入研究并把握个性心理及其形成发展规律，对于实施因材施教，开发人的潜能具有重大意义。

个性心理的形成和发展是多因素交互影响的结果，是在遗传素质的基础上，在一定环境和教育条件的影响下，经过个体积极主动的社会实践活动而被塑造出来的。大学生思想政治教育应充分重视心理学关于人的个性心理形成发展理论，了解影响大学生个性心理的各种因素，使得教育活动能产生较强的针对性和实效性。其中，遗传素质是个性心理形成和发展的物质基础；社会生活条件是个性心理形成和发展的决定性因素；教育在个性心理形成和发展中起主导作用；个体的社会实践活动和主观能动性，是个性心理形成和发展的内因。❶

（二）心理学关于需要动力的理论

需要理论认为，人的一切行为都是受本能需要的直接刺激而产生的。人固然有满足需要的一面，但从理性的角度考虑，则更多地需要和满足需要的动机、行为对其生命的意义及对他人、社会的意义，从而自觉调整自己的需要、动机和行为。思想政治教育工作的任务就是要指导高校师生及教职工以合理的方式来选择和组合自己的需要，以合理的途径和手段来实现自己的需要，以正确的态度来对待需要上的挫折，使他们的思想和行为沿着健康、正确的轨道发展。

心理学关于需要的理论告诉我们，在社会主义条件下，最大限度地满足人们日益增长的物质需要和精神需要，是思想政治教育工作的重要内容。一旦思

---

❶ 裴孝金，宋晓宁．思想政治教育创新研究［M］．长春：吉林大学出版社，2022．

想政治教育工作脱离了人们物质需要和精神需要的满足，势必软弱无力，变成脱离人的思想实际的简单说教。从事思想政治教育工作的管理者，务必要了解工作对象的心理特征，认真分析和研究他们的需要（包括物质需要和精神需要），并在可能的条件下尽量满足他们的需要，从而有效地调动他们的积极性。具体到大学生思想政治教育工作中就是要了解高校师生及教职工的需要，根据他们的实际的需要开展思想政治教育工作。在开展大学生思想政治教育工作时，管理者应该注意以下的问题。

其一，就目前我国高校的情况来说，物质需要是最基本的。在开展大学生思想政治教育工作时，不能离开物质需要去谈论各种思想问题。物质利益是历史唯物主义的一个基本理论问题。物质利益是人类生存和发展的物质条件，人们对物质利益的关心是一个客观存在。人类要生存，就要有衣、食、住、行等物质资料，人们奋斗争取的一切，都同物质利益有关。高校各项工作的开展也是以物质利益为基本保证的，如高校的教学改革、教材建设等，都需要相应的奖励制度作为保障。

其二，人的需要是多种多样的，不能忽视人的精神需要。人的需要是多种多样的，既有物质需要，又有精神需要，而且精神需要是人的更高级的需要。目前，我国高校的基本情况是，广大教职工已不再单纯地考虑生计问题，而更多地追求工作的成就感，尤其是广大教师。教师在教学中要求享有更多的教学自由，发挥教学管理中的主体地位和作用，进行具有自己特色的教学改革和尝试。而广大学生在学习知识的基础上，更多地追求自身的发展，选择自己喜欢的学习，发挥自己学习的主体性。开展大学生思想政治教育工作不能忽视这些精神需求。大学生思想政治教育工作的任务是在满足人们的基本物质需要，帮助人们解决物质生活方面的实际困难的基础上，教育和引导人们从低级需要逐渐过渡到高级需要，追求更高层次的需要，以建设精神文明。❶

其三，对某些不能满足的需要，要发挥思想政治教育工作的调节作用。具体来说，就是对于那些不切实际的过高需求，要循循善诱地进行说服教育；对于无理的个人主义要求，应当进行有说服力的批评；对于一些正当的，但又一

---

❶ 裴孝金，宋晓宁. 思想政治教育创新研究［M］. 长春：吉林大学出版社，2022.

时未能满足的需要，除了要做好耐心细致的解释和说服工作，还要使其保留一丝希望。

（三）心理学研究的基本方法

心理学是介于自然科学和社会科学之间的一门实证性很强的学科，除了一般自然科学共同使用的客观实验法，还有结合人心理特点的观察法、测验法和个案分析法等。心理学关于对人的研究方法，在大学生思想政治教育中都是可以采纳借鉴的，这对发展和完善大学生思想政治教育具有重大意义。

1. 观察法

观察法是有目的、有计划地观察被试者在一定条件下的言行变化，并对其做出详尽记录，然后进行分析处理，从而判断其心理活动的方法。此研究方法最大的优点是被试者表现自然，尤其适合对其隐秘行为进行研究。

2. 测验法

测验法是通过标准化测验来研究个体心理或行为差异的一种方法。此方法最大的优点是标准化测验编制严谨，效果可靠；量化程度高，结果处理方便；有常模可供参照；简便易行。

3. 个案分析法

个案分析法是对单个研究对象的某个方面或某些方面进行广泛、深入的研究。此方法的最大优点是便于对对象进行全面深入的了解，而且结合其他方法，可以考察人的行为发展过程。

二、管理学理论对大学生思想政治教育的引导

激励是大学生思想政治教育的一种重要方式。对学生的激励，就是通过一定的外在因素去诱发、活化学生个体的需要和动机，产生行为的推动力，使其有向着一定目标前进的积极性。在大学生思想政治教育中实施激励的目的，就是根据学校或国家的人才培养需要，提出一个奋斗目标，通过一系列激励手段将学生个体满足某种需要的动机激发起来，产生一个与学校目标一致的、自觉的期望目标，继而倾力为之奋斗。

（一）激励的内涵分析

激励就是通过管理工作设定的一定条件，激发被管理者去实现工作目标的

积极性、主动性和创新精神，达到预期的管理效果。激励分为内激励和外激励。内激励是指人们对活动本身感兴趣，能够满足其内在的需求，活动本身就是一种激励；外激励是通过外部刺激诱发人们参与活动的积极的动机。

激励的途径主要有以下三条：一是通过对被管理者需要的满足、引导，激励其积极性；二是通过设置富有吸引力且实现可能性大的工作目标来激励被管理者的学习、工作积极性；三是通过一定的管理方式，不断强化被管理者的行为，从而激励被管理者的学习、工作积极性。强化型激励理论是经典的管理激励理论之一，其主要代表人物是斯金纳。斯金纳认为，无论是人还是动物都会争取一定的行动，当行动的结果对他（它）有利时，他（它）就会趋于重复这种行为，行为的频率就会增加，凡能影响行为频率的刺激物，称为强化物；当行动的结果对他（它）不利时，这种行为就会趋于减弱或者消失。他（它）会凭借过去的经验来"趋利避害"，对其行为提供奖励，从而使这些行为得到进一步加强，就是正强化；对那些不符合组织目标实现的行为进行惩罚，以使这些行为削弱直至消失，就是负强化。❶

（二）管理激励理论为大学生思想政治教育创设新的平台

在大学生思想政治教育中，要做到真正引导学生朝着激励的目标去努力，就要积极引导学生将个人需要与学校或国家的需要结合起来，将个人期望的目标纳入学校和国家的大目标中来，将个人的动机变成实现学校和国家目标的动力，在实现学校或国家教育目标的过程中，实现自己的自觉的期望目标。在大学生思想政治教育中，激励的方式多种多样，主要的有以下几种。

1. 理想激励

理想激励即通过树立一种理想或信念，树立正确的价值观、人生观、世界观，以此来激励人们为之奋斗。在理想激励实施的过程中，要注意把崇高的社会理想与每个人的具体理想紧密地结合起来，教育学生使之懂得包含在共同理想之中的个人理想才是崇高的、伟大的。

2. 奖惩激励

奖励和处分是大学生思想政治教育中的重要内容之一。目标在于激励先

❶ 范翠莲，李春风，边黎明. 思想政治教育与实践［M］. 北京：九州出版社，2018.

进、鞭策后进，鼓励学生德、智、体全面发展，为我国社会主义现代化事业输送更多的优秀人才。奖励有物质的也有精神的：精神奖励有口头表扬、通报表扬，发奖状、证书或授予荣誉称号等；物质奖励主要有奖学金、奖品等。惩罚是对违纪学生给予纪律处分或批评，是对学生思想行为中消极因素的一种否定，以达到帮助学生明辨是非、纠正错误、促进转化的目的。奖惩是一项严肃的工作，要做到公平、及时，要营造气氛达到鼓励和教育的目的。

3. 竞赛激励

竞赛激励即通过开展多种形式的评比竞赛，激励学生的进取精神和学习热情，推动各项工作的开展。学生的进取心很强，竞赛对学生来说既是压力也是动力。竞赛激励能激发学生的潜能，能培养学生的集体主义精神、组织纪律性和责任感，从而提高在大学生思想政治教育中的成效。

4. 情感激励

情感激励即通过多种形式、多种因素，影响教育对象的情感以提高其理性认识，培养其健康情感。教育者必须做到情真意切、情理结合，要运用好情感激励的方法。一是要深入了解掌握学生的需要。教育者要想学生之所想、急学生之所急，经常关心学生的学习、生活，关心困难学生的疾苦，帮助他们解决困难；要了解学生的思想状况，及时帮助他们解决思想上的困惑，缩短师生之间的情感距离。二是用自己的行为影响学生。教育者的行为如果给学生以平等待人、体贴尊重的印象，将会在无形中增强教育者的影响力，提高教育者的权威，学生工作会收到事半功倍的效果。

5. 榜样激励

榜样的力量是无穷的。学生身边的榜样力量更是无形的。榜样激励即用先进人物优良品德激励、感染、影响受教育者，使之养成优良品德。榜样激励的方法是符合人的模仿心理和学习心理的。在树立榜样时，一定要注意真实性，人为拔高的典型学生是不能被接受的，唯有言行一致的、表里如一的、真实实力过硬的先进榜样，学生才会接受。在大学生思想政治教育中，我们应树立多方面的学生典型榜样，让每种类型的学生都学有榜样。

三、社会学理论对大学生思想政治教育的引导

社会学是从某种特有的角度，或侧重对社会、对作为社会主体的人、对社会与人的关系等进行综合性的研究，即研究社会问题的一门科学。社会学研究的领域相当广泛，所研究的社会文化和社会思潮，涉及社会生活的方方面面。社会交往与人际关系，社会组织与社会群体及青年问题、家庭问题、犯罪问题等，都与思想政治教育的内容和方法相关。其中很多方面的研究，都能为思想政治教育学科所借鉴和应用。

（一）借鉴社会学关于人的社会化理论

社会学所研究的人的社会化问题，与大学生思想政治教育在本质上有一致性。大学生思想政治教育的主要任务就是实现大学生的思想政治和道德的社会化。大学生思想政治教育还是社会化的一个重要手段，思想政治教育帮助大学生树立远大理想和培养高尚的道德品质，明确自己的社会职责和行为规范，在此意义上说，大学生思想政治教育的过程也是大学生的社会化过程，大学生思想政治教育可以帮助大学生完成全面的社会化。

1. 社会化的定义和途径

社会化就是指个人从生物人发展成为社会人，并不断认识社会、适应社会，从而形成、发展和完善自己人格并积极作用于社会的过程。社会化的基本途径是社会教化和个体内化。社会教化，即广义的教育，是社会通过社会化的载体及其执行者对个体进行的社会化的过程。个体内化，是指个体将社会教化的内容转化为自身的行为模式、人格特征、思维方式的过程。

2. 社会化与个性发展

所谓个性发展，就是指个人特有的生理素质、心理素质、思维方式和行为方式等的充分自由发展。马克思主义认为，个性的充分自由发展在人的全面发展中占有重要地位，人的发展在一定意义上就是"有个性的个人"的发展。在人的个性的形成过程中，生理、心理因素都以社会因素为中介发挥作用，人的个性是个人社会化的产物，是随着个人社会化的进程而逐步形成和发展的，可以通过社会化来塑造一个人的个性。社会化就是人的个性与自我形成及发展

的过程。❶

人的个性发展是通过个人与社会的相互作用而实现的，个性发展包括自我意识的发展和道德意识的发展，这都是人的社会化发展的重要方面。

（二）借鉴社会学的研究方法

社会学的研究方法是社会学知识体系中最为重要的基础支柱之一，同时是社会学相对于其他社会科学来说最具特色和优势的学科领域。社会学有一套比较成熟的社会调查和统计分析方法，如抽样调查法、统计推论法等，这些科学的方法对大学生思想政治教育的研究方法具有较大的借鉴作用，对于加强大学生思想政治教育的定量分析，实现定性分析与定量分析相结合，促进大学生思想政治教育科学化有着重要的意义。

1. 抽样调查法

抽样调查法是指按照科学的原理和计算从所要研究的现象的全部个体单位中，按随机原则抽取部分个体单位进行调查，取得资料，并用于推算总体数量特征的一种方法。随机抽样的组织形式根据调查目的不同和调查对象的特点、数量等可分为简单随机抽样、分层抽样、系统抽样、多阶段抽样等。

2. 问卷法

问卷法是指调查者根据研究的问题和研究的方案，通过设计一套要求被调查者回答的问题表，来收集资料的方法。问卷的基本结构包括：调查问卷的题目、调查与填表说明书、问卷主题内容、实施情况记录等。问卷类型有开放式和封闭式两种。

3. 访谈法

访谈法是指调查者通过与被调查者面谈口问的形式来搜集研究资料的一种方法。访谈法的类型有：个别访谈和集体访谈、一般访谈和深度访谈、作为搜集资料主要手段和辅助手段的访谈。访谈之前必须做好充分的准备，设计调查方案，拟定调查提纲等。

---

❶ 刘淋淋，刘名学，段华琼 . 大学生思想政治教育实践与创新 ［M］. 延吉：延边大学出版社，2022.

4. 文献法

社会调查中的文献是指与社会调查研究对象有关的一切书面文字材料。文献法是指从搜集的资料中进行提炼、选择、提取、整理分析的过程。文献定性研究的一般步骤是文献摘录，分析文献资料与研究主题关系，说明主题。

5. 统计推论法

统计推论法就是调查者利用样本的统计值对总体及与之对应的各种参数值进行估计，从而获得分析数据和资料的方法。

四、伦理学理论对大学生思想政治教育的引导

伦理学是研究道德起源、道德本质、道德关系及其发展规律，研究道德修养和道德教育的内容、原则和方法的科学。马克思主义伦理学所揭示的共产主义道德形成和发展的基本原则、基本规律和规范，是思想政治教育学的理论依据，是思想政治教育学研究的重要内容。

（一）借鉴伦理学关于道德人成长过程的论述

著名经济学家亚当·斯密认为，作为经济人，人当然具有自私自利的一面，但这种自私自利又不是纯粹的，人还有富有同情心的一面，人也是道德人。伦理学关于道德人成长过程的理论，对于大学生思想政治教育培养教育对象成为思想品德高尚的社会主义新人有深刻启示。

1. 道德人的形成

道德人的形成经历了漫长的过程。人类个体最初的道德表现，或者说个体道德的萌芽，是与主体的自我认知水平的发育相适应的。个体对道德追求的实现离不开个体内在的自觉性，然而，社会如果提供适宜的条件将更有利于个体的道德觉醒。个体的道德觉醒达到一定的程度，道德人就形成并丰富完善到相应的层次和水平。大学生思想政治教育在研究教育对象道德意识觉醒和达到社会要求的道德水平方面，应遵循道德人形成的原理。

2. 道德的自律与他律

道德人的成长过程是持续的，持续中又有质的飞跃和突破，要经过从他律向自律的转变。自律就是道德主体用内化了的道德原则对自己的思想和行为的

方向及方式进行自我约束和自我调节。自律是人真正实现道德的结果，自律的人就是道德的人，是一个有稳定和明确人格的人。道德人成长过程中的自律与他律的关系，启示思想政治教育一定要重视引导教育对象自觉提高自身思想政治素质和品德水平，才能真正实现教育目的。

（二）借鉴伦理学关于道德教育的过程理论

1. 提高道德认识

人是理性的社会动物，人的行为是受自己特定的道德认识指导的。要使人们有社会主义和共产主义道德的理想人格，首先就必须使人们了解和把握社会主义和共产主义道德的原则、规范和义务，然后才能有明确的道德实践方向。

2. 陶冶道德情感

要培养人的道德人格和个性，必须从培养一个人健全的道德情感开始。有了某种道德认识，并不一定会有相应的道德情感。只有在现实生活中通过长期对大量善与恶的事例进行对比，让受教育者亲受感染，才能形成比较稳固的道德情感。

3. 磨练道德意志

道德意志是道德人格形成的关键。如果没有坚强的道德意志，就不能在道德实践中克服困难，牺牲个人利益，战胜邪恶和私欲，把善和正义发扬光大，也就无从形成理想的道德人格和品质。

4. 确立道德信念

使受教育者确立道德信念，这是道德教育的中心环节。这个环节是以其他三个环节为基础的，只有识深、情笃、意果，才能形成坚定的道德信念。有了坚定的道德信念，也就有了精神支柱，人们的道德人格才能初步建立起来。

5. 养成道德习惯

道德教育的宗旨，一方面是使良善的道德转化为人们内在的道德信念，另一方面是使这种良善的道德信念通过具体的道德实践表现为外在的道德行为，并最终形成自我的一种道德习惯。养成道德习惯后，人们对于道德规范要求习惯于遵守，须臾不离，从心所欲而不逾矩。

（三）对道德教育方法论述的借鉴

道德教育的方法是以教育者为主导，受教育者参与到道德教育活动中，为使受教育者形成良好的道德品质施加教育影响的各种方式的总和。道德教育的方法是灵活多样的，但其宗旨必须符合道德本身的特点和教育对象的实际情况。下面介绍几种常用而行之有效的道德教育方法，尤其是在以理服人、以情动人、以志激人、以榜样感染人等道德教育的基本手段研究方面，大学生思想政治教育者可以借鉴并探讨出更多具有实效性的创新方法。

1. 道德规范的宣示

道德规范的宣示通过宣示道德规范，充分摆事实、讲道理，阐明为什么和应如何，达到以理服人。规范宣示的过程，主要是对受教育者晓之以理，释疑解惑，开启个人道德认知能力。

2. 道德楷模的塑造

常言道：榜样的力量是无穷的。在道德教育中，树立优秀的道德楷模，对培养人们的道德品质有很强的感染力和巨大的说服力。道德教育者以身作则，模范地践行道德义务，给受教育者做出示范，也是一种榜样的力量。

3. 道德情感的陶冶

道德情感的陶冶强调在道德教育中，教育者通过激发、调动人们积极的情感力量，抑制其消极情感，移情入理，以情易情，受到真情感染和打动，从而使得受教育者自觉主动、心甘情愿地服从道德要求，遵守道德原则和规范。

4. 道德意志的砥砺

进行道德教育，既要以理服人，又要以情感人，更要以志激人。道德意志在人的道德品质的形成和发展中占有极为重要的地位和作用，激发砥砺人的意志对于培养道德人格及道德品质的意义重大。

五、人才学理论对大学生思想政治教育的引导

人才学是通过研究成才主体内在素质的变化，从而揭示人才产生和发展规律的科学。人才学研究揭示出人才产生和发展的运动过程表现为育才阶段和用才阶段。人才学与思想政治教育学有密切关系。思想政治教育学非常注重"培养什么样的人和如何培养人"的问题，思想政治教育的根本目的是为国家和社会培养现代化建设所需的人才。了解和掌握人才学所研究的育才、用才理

论，对于实现思想政治教育的目的具有重要帮助。

（一）借鉴人才学关于育才的理论

1. 个体人才成长发展的过程和规律

人才学研究指出，成才是人发展到一定阶段的产物。个体人才成长的过程有其运行的阶段，一般可划分为内在素质优化阶段、外在活动质变阶段和社会承认阶段。

内在素质优化强调人才通过主观能动活动实现德、识、才、学、体五个方面的内在素质的有机统一；外在活动质变强调人才通过创造性劳动取得创造性劳动成果；社会承认是社会对成才者的素质和成果进行鉴定后予以肯定和承认的活动。成才主体的素质、成果通过社会承认，就标志着成才过程的结束，进入人才发展阶段，人才开始展示才能。经过若干次的社会承认，人才就会由初级人才上升到高级人才。

人才学研究还指出，个体人才成长是有规律可循的，大致概括为以下普遍性规律：一是有效地创造实践成才规律；二是顺势成才律；三是协调成才律；四是全面发展律；五是蓄积成才律。除此之外，个体人才成长还有一些特殊规律，如纵横成才律、扬长成才律、聚焦成才律等。大学生思想政治教育可通过借鉴个体人才成长过程及规律的理论，对大学生的成长过程和规律有更加科学的认识、分析和把握，以有效实现培育全面发展的社会主义新人的目标。❶

2. 人才的素质与开发理论

人才素质是指人才具有的先天素质和后天品质的综合。人才素质区别于一般人的素质的核心在于人才素质的层次要求更高、潜在能量更大、可创造的预期财富更多。人才素质是由多要素组成的结构体系，包括生理素质系统和心理素质系统，其中心理素质系统又分为智能素质和非智能素质两个子系统。

智能素质系统由知识系统和能力系统构成，非智能素质系统主要包括思想政治品德系统和心理品格系统两个子系统。人才素质的开发是在认识和掌握人才素质的基本原理、结构与功能的基础上，进一步优化人才素质，促进人才健康成长，充分发挥人才素质功能，加强人才队伍建设的必要工作。大学生思想

---

❶ 陈军，杨美华，龚静源. 思想政治教育理论与实践 ［M］. 武汉：湖北人民出版社，2018.

政治教育可有效借鉴人才素质及开发理论，全面剖析大学生的素质构成，采用行之有效的方法，激发并引导大学生的素质提高。

3. 人才成长和发展的环境理论

人才的成长和发展与环境密不可分。马克思主义环境论探讨出了人与环境的密切关系，使得人才的成长环境也成为人才学探讨的重要话题。人才成长的环境是指人才在时空上赖以存在和发展的一切外部因素的总和。

根据不同的标准，人才成长的环境可分为物质环境和精神环境，可分为大环境、亚环境和小环境，可分为自然环境和社会环境，可分为历史环境和现实环境，可分为积极环境和消极环境，可分为国内环境和国际环境。其中，自然环境和社会环境是人才成长的两个重要环境，社会环境又分为宏观环境和微观环境，包括社会经济环境、政治环境、文化环境，还包括家庭环境、校园环境、单位环境、社区环境。人才成长的环境对人才成长有支撑、约束、塑造、激励等作用，同时人才又能够认识和改造自身成长的环境。人才成长环境理论的研究对大学生思想政治教育环境论的系统研究，具有直接的借鉴作用。

4. 人才社会承认的方式

人才的社会承认，就是指在人才成长与发展的过程中，社会对成才者的素质和成果进行肯定和认可的活动。社会承认在人才成长的过程中是一个至关重要的环节，只有获得社会承认，潜人才才能转化为显人才，低层次人才才能转化为高层次人才。否则，人才便会被忽视以致埋没，人才的价值便难以实现。

人才的社会承认可以通过多种方式进行，主要的方式有传播式、认定式、颁奖式、规范性评判式和选举式承认等几种。在人才社会承认活动中，应努力认识社会承认各构成要素，推动社会承认的科学化。大学生思想政治教育在研究自身教育活动价值时，也要通过评价社会对其教育对象的素质水平的承认程度来实现，在此角度思考，人才社会承认的研究成果对大学生思想政治教育评估研究具有较大的借鉴意义。

（二）借鉴人才学关于用才的理论

1. 人才的识别、选拔和考核理论

正确地识别、选拔人才，并对人才进行考核，是人才管理过程中的重要环节，是科学使用人才的前提。人才识别又称人才鉴别，应坚持灵活多样、不拘一格的原则，人才识别的方法包括考试、考察、民意评选等。人才选拔是指按照一定的要求，在一定范围内，按照一定程序和方法选择优秀人才的过程。

人才选拔应坚持德才兼备、实践、竞争、公开公平、灵活性原则，选拔的方式包括考任制、选任制、委任制、招聘制、荐举制等。人才考核是指通过一定的考核方法和程序，对人才在工作中的表现进行全面了解和正确评定。人才考核包括对人才的德、能、勤、绩、识各个方面的客观描述和人才优缺点的评价意见两部分。

2. 人才的使用原则

人才使用原则是在任用、配备和使用人才的过程中遵循的基本要求和准则。它主要包括宏观的党管人才原则、人才的配置使用与经济社会发展相协调的原则、人才的宏观调控与市场配置相结合的原则，也包括微观的用人单位任人唯贤、尊重信任、用养并重、扬长避短、激励、择优汰劣的原则。

人才学的用才理论，为大学生思想政治教育队伍建设的理论和实践提供了丰富的知识借鉴。

第三章　大学生思想政治教育的
理念和内容

开展大学生思想政治教育，我们要注意秉承正确的教育理念，在教育理念的引领下，更好地实施大学生思想政治教育，落实好大学生思想政治教育的主要内容，进而实现大学生思想政治教育的目标。

第一节　大学生思想政治教育的理念

加强大学生思想政治教育理念的研究，是加强大学生思想政治教育理论研究的针对性、系统性和创新性的需要，现代社会将对大学生思想政治教育工作不断提出新的、更高的要求。只有适应新的形势和任务的需要，不断创新教育理念，与时代的脉搏一起跳动，大学生思想政治教育才能具有强大的生机与活力，发挥更大的作用。

一、自我教育的理念

（一）自我教育的内涵

自我教育是指作为个体的人，在成长过程中，既是教育的主体，也是教育的客体。将每个个体置身于社会大环境中，都是逐步提高、逐步发展的，个体的发展是一个渐变的过程，同时是一个有目标的过程。这个目标是个体按照自己的实际情况来制定的，是一个自我认识、自我评价、自我调控，最终达到自我完善的有序过程。但同时，个体的自我教育过程并不是一项单独的个人行为，而是依存于一定的社会关系中的，因而它又具有社会性。

（二）更新教育观念，促进大学生自我教育

大学生要具备自我教育的能力，要求教育者在教育实践中要通过多种途径主动帮助和激发大学生主体能力的构建。大学生要实现自我教育，充分发挥主体的能力，主要从以下几个方面着手。

第一，思想政治教育者要注重启发大学生的自我教育意识，引导他们通过自主的学习、自觉地参与及反省、反思、自我思想改造等自我修养途径，不断提高自己的思想道德水平。

第二，要打好坚实的理论基础。理论的学习是大学生思想政治教育中不可缺少的一环。理论教育法是思想政治教育最主要、最基本的方法，也是大学生打好理论基础最直接的方法。大学生只有具备坚实的理论基础，才能以正确的理论指引自己的行为，也才能在现实中明辨是非，为自己找准努力的方向。在当代复杂多变的社会生活面前，人们比以往任何时候更加需要科学的思想和理论来指导自己进行正确的选择和决策，以便更加有效地认识环境。

第三，要创造有利于大学生进行自我教育的条件，积极引导大学生进行自我教育。应当通过各种渠道和形式对大学生的自我教育活动予以支持、引导和帮助，鼓励大学生开展他们热爱的、健康的、有益的、丰富多彩的各种活动，使他们在活动中进行自我教育，相互影响。要引导他们开展批评和自我批评，在严格的自我批评和与人为善的相互批评过程中，教育自己、教育别人、相互借鉴、共同提高。要鼓励大学生参加学校的民主管理，组织大学生参加社会实践活动，使他们在民主生活和社会实践中得到锻炼，增长知识和才干，增强主人翁精神和社会责任感。要有计划地组织民主讨论，引导他们在民主的气氛中各抒己见、交流思想，坚持真理、修正错误，集思广益、互得益彰。

第四，树立成功的榜样是大学生自我教育的一个有效途径。榜样示范法是指通过具有典型的、榜样意义的人或事的示范引导作用，教育人们提高思想认识、规范自身行为的方法。榜样教育具有形象、生动的特点，它是理论与实际的有机结合。大学生用榜样的力量激励自己，在心中树立成功的典范，为自己指明努力的方向，会产生更强的感染力和说服力，使大学生在自我教育中收到很好的效果。通过典型事迹可以使大学生看到榜样的成功之处，明确努力方向，从而努力奋斗，在改造客观世界的过程中全面提升自己的思想道德素质。❶

必须实事求是地选择对自己有影响力的典型，否则难以真正地从思想到行动上得到认同，也起不到典型引导的作用。

二、动态开放的理念

随着社会主义市场经济的发展，以前在计划经济条件下形成的思想政治教育观念已不能适应新形势的需要，而且在实践中禁锢了我们对思想政治教育工作的创新。从高等院校的具体情况来看，个别高校的思想政治教育工作存在短期行为、孤立行为、务虚行为、信念模糊等问题。这些问题观念难以适应形势发展变化的新要求。要改变这种现状，我们必须创新思想观念，树立动态开放的新观念，牢固树立全球意识、服务意识、现代意识，才能不断提高21世纪大学生思想政治教育工作的实效性。

（一）全球意识

全球意识是相对民族意识而言的，它是指国民对跨国事务或国际事务的认识、了解和情感，是人们世界观的一种体现，表现为一个国家的公民或者社会团体在看待本国与他国的交往、本国与他国之间关系的发展及整个国际形势发展状况时表现出来的敏锐度、关注度及其了解的深度。全球意识不仅是一种思想认识，而且是一种情感和价值取向。能否用开放的心态，平等、公正、宽容地对待和尊重世界各国、各地区、各民族的文化传统，能否积极、平和、理性地参与国际活动，是否具有国际竞争的高品质思维能力，这些要素是构成全球意识的重要内容。

培养全球意识是当前思想政治教育创新的新主题。培养全球意识有助于调整思想政治教育理念，与时俱进地完善培养目标，及时变革教学内容，进一步深化思想政治教育教学的改革。

---

❶　方秀丽，张琳琳，耿向娟. 当代大学生思想政治教育创新研究［M］. 延吉：延边大学出版社，2017.

培养全球意识对于加快中国走向世界、世界走向中国的步伐，继续坚持对外开放的基本国策具有重要意义。具有全球意识的高素质人才支撑是继续坚持对外开放的重要保证。

培养全球意识，一是要培养执着关注全球问题的精神；二是要培养观察分析问题时的国际视野，既要立足中国看世界，又要站在世界看中国；三是要培养解决问题时的宏观思维，既要学习借鉴外国的经验，又不能崇洋媚外；四是要遵守国际通行的基本规则。

（二）现代意识

思想是行动的先导，思想的闪电一旦贯穿人们的头脑，就会激发出强大的驱动力和创造力。我们生活在现代社会，生活在充满希望和挑战的 21 世纪，世界新的科技革命风起云涌，经济全球化进程大大加速，现代化浪潮席卷全球，低碳经济、知识经济正在深刻地影响着我们的生产方式和生活方式，全世界正在进行经济发展方式的深刻变革，我们的思想意识必须紧跟时代，具有鲜明的时代气息。现代意识是现代人必须具备的思想意识。何为现代意识，目前学界尚无一致的看法。我们认为现代意识必须包括两个方面的内涵。

第一，体现时代性。现代意识是动态的，是变化发展、与时俱进的思想意识，是反映时代发展、社会进步和培养高素质创新人才的需要。

第二，具有进步性。现代意识是与传统意识相对应的，因此必须有利于促进社会生产力的发展。当前就是符合科学发展观、适应市场经济发展要求、反映知识经济和低碳经济发展潮流的思想观念和意识，如效能意识、资源意识、环保意识、科技意识、创新意识、金融意识等。强化现代意识，必须以科学发展观为统领。

大学生思想政治教育要坚持以科学发展观为指导，必须坚持以人为本的思想，转变教育思想和教育观念，重视学生的主体性地位，把实现学生全面发展、满足学生成长成才的需要定位为思想政治教育的目标。坚持全面发展的思想，处理好理论学习与社会实践的关系，促进学生身体、心理、科学文化及思想政治素质全面发展。坚持协调发展的思想，协调好环境与育人的关系，牢固树立全员育人、全方位育人、全过程育人的观念。坚持可持续发展的思想，建立健全科学的、合理的大学生思想政治教育机制，形成德与智相统一、教与育相统一、校内外相统一、传统与时代相统一的思想教育新格局。坚持统筹兼顾的思想，全面管理各类思想政治教育资源，努力建设和谐校园。

（三）服务意识

强化服务意识，疏通三条渠道把思想政治教育工作与解决实际问题结合起来，是思想政治教育工作的一条重要原则，也是增强大学生思想政治教育工作感召力的重要方面。要切实帮助大学生解决实际问题，关键是要想学生之所想，急学生之所急，疏通信息传播、心理沟通和意见反馈三条渠道，加强与学生的沟通和交流。只有这样，思想政治教育工作才能做实、做细、做深、做活，才能对大学生产生感召力。随着"双向选择、自主择业、逐步走向市场"的就业方式的推行，大学生走向社会、了解社会的愿望日益迫切。

面对新形势，高校要做好信息服务工作：一是在内容上要突出实用性。要在对广大学生进行国际国内形势、国情市情、大政方针宣传教育的同时，重点加强对基层一线、用人单位各类信息的宣传服务工作，让学生按照自己希望走的路有目的地做好择业准备，同时要加大学校的自我宣传力度，让社会了解民族院校及其毕业生。二是在时间上注意经常性。将就业指导与形势教育相结合，将集中的毕业教育、就业指导与日常的思想政治教育工作相结合，让学生能感受到就业的压力，不断获得奋发进取的动力。三是在手段上要趋向现代化。要加强校园网的建设，为学生提供全方位的信息服务。

第二节　大学生思想政治教育的内容

大学生思想政治教育的内容是大学生思想政治教育的核心要素。大学生思想政治教育的内容不仅决定着大学生思想政治教育的形式，而且其不断发展也充实和丰富了大学生思想政治教育的理论与实践。

一、大学生思想政治教育的基础内容

大学生思想教育的基础内容是指社会对大学生提出的根本要求，是大学生思想政治教育内容结构中一以贯之的内容，具有一般性、稳定性特点。

（一）人生价值观教育

1. 人生观的形成基础

马克思主义的观点认为，人生观是人类所处的历史条件及社会关系的产物，是来源于现实基础的，而非上帝创造的。

（1）历史条件。所谓历史条件，是指在社会历史活动中所有不以人的意志为转移的自然条件和社会条件的集合。历史条件包括社会物质生活条件；社会历史背景；政治制度；经济发展水平；精神文明水平及文化发展状况等多个方面。

（2）社会关系。社会关系是指在共同的社会活动和社会交往过程中，人们互相之间形成的以生产关系为基础的各种关系的总和。

历史条件和社会关系构成了人生观形成的现实基础。处于不同生活环境、从事不同职业的人们对人生态度、人生目标及人生价值等问题产生的不同态度和观点都源自人们所处的社会关系及所经历的历史条件。

历史条件和社会关系存在各自独有的逻辑。当人们处于某种特定的历史条件和社会关系之中时，他们的思想、感情和行为已经无法超脱这种特定的条件和关系而存在了，因此必然会受到这种特定的历史条件和社会关系的影响和制约。而当人们所处的历史条件和社会关系发生改变时，人们的思想、感情及行为也会随之发生变化。

历史条件和社会关系又是复杂而具体的。不同的人处于同一个历史时期和社会中，经历着的社会环境及面对的自然条件可能存在巨大的差异，而这种差异就会对人们的人生观产生影响。

2. 人生观教育的主要内容

人生观是人们对人生的价值、生活的目的和意义的根本看法和观点，是世界观实践中的体现和运用。人生观具有鲜明的阶级性，每一阶级有每一个阶段的人生观。共产主义的人生观就是无产阶级的人生观，它的核心是大公无私、先公后私和公而忘私。对大学生进行人生观教育的主要内容是人生理想教育、人生目的教育、人生价值教育和人生态度教育。❶

（1）人生理想教育。对大学生进行理想教育，旨在帮助大学生树立科学的、崇高的理想，使之在复杂的社会环境中始终保持正确的人生方向。大学生只有树立了科学的、崇高的理想，才能够产生用之不竭的精神动力，才能自觉地为我国社会的进步与发展不断做出贡献。

崇高理想教育包括崇高的社会政治理想教育、崇高的道德理想教育、崇高的职业理想教育和崇高的生活理想教育。建设中国特色社会主义，实现中华民族的伟大复兴，是现阶段我国各族人民的共同理想。对大学生进行这个共同的理想教育，就是要帮助大学生正确认识社会发展规律，正确认识国家的前途命运，正确认识自己的社会责任，把完成好大学学业与实现共同理想和实现个人理想结合起来。引导大学生正确对待实现理想过程中的顺境和逆境，正确认识理想与现实的关系，从现实出发，勇于实践，艰苦奋斗，为共同理想与个人理想的实现积极创造条件。

（2）人生目的教育。人生目的即人生追求的目标。人生目的有人生的终极目的和人生的具体目的之分。终极目的是指人在人生实践过程中关于自身行为的根本指向和人生追求。人生的总目的是人生实践活动的总目标，它贯穿人生历程的始终。作为具体目的意义上的人生目的，是指人的具体实践活动的目的。

人生的终极目的与人生的具体目的应是统一的。具体目的有赖于终极目的的指导，终极目的的实现，依赖于一个个具体目的的实现。对大学生进行人生目的教育，既不可脱离具体目的来空谈终极目的，也不可脱离终极目的而只讲具体目的。

在大学生人生观的教育中，主要应是对大学生进行终极人生目的的教育。因为，人生的终极目的是人生观的核心，它对大学生人生的导向作用非常重要。正是由于终极目的对人的一生具有导向、鼓舞、激励作用，所以必须用终

---

❶ 裴孝金，宋晓宁．思想政治教育创新研究［M］．长春：吉林大学出版社，2022.

极人生目的规划人生，指导具体的人生实践。因此，我们必须十分重视人生终极目的的教育。

必须明确的是，对大学生进行终极人生目的教育，是指为人民服务的教育。这一终极人生目的是对以生产资料公有制为基础、以实现共同富裕为目标的社会主义经济关系的集中反映。为人民服务人生目的的基本内容有三：一是以人民的利益为言行的宗旨；二是站在人民的立场上立身处世；三是尊重人民的主人翁地位。

（3）人生价值教育。第一，人生价值内涵教育。人生价值内涵教育，即人生的自我价值和社会价值的辩证统一教育，人生内在价值和外在价值的辩证统一教育，人生创造价值和享受价值的辩证统一教育，人生现有价值和应有价值的辩证统一教育及人生目的和人生手段的辩证统一教育。

第二，人生社会责任教育。人生社会责任是指个人在社会关系中应承担的社会职责和任务。社会责任感越强的人，自觉承担的社会责任就越大。因此，个人对社会的责任是衡量人生价值的一个重要标准。对大学生进行人生社会责任教育，就是要教育和引导大学生强化自己的社会责任感和历史使命感，热切关注祖国的前途命运，积极投身于建设中国特色社会主义的伟大事业，对社会和人民尽到自己的社会责任。

第三，人生价值目标教育。人生价值目标包括人生的社会价值目标、成就价值目标、道德价值目标和生活价值目标，它既对人生的发展起着定向作用，又是人生价值创造的重要推动力量。在人生价值目标中，社会价值目标是根本目标，是人生价值目标的核心，决定并影响着其他目标。有了人生价值目标，才会不断产生出创造人生价值的动力。因而，对大学生进行人生价值目标教育，就是要教育和引导人们确立正确的人生价值目标，坚持在人生价值目标选择上的责任、义务与权利的统一。

第四，人生价值评价教育。人生价值评价对人生的发展具有重要作用。进行人生价值评价教育，对人生具有深刻的启迪教育作用，对他人或自己的人生行为具有调节作用。人生价值评价是依据一定的人生价值标准，通过社会舆论和个人的心理活动，对他人的人生或自己的人生做出有无价值和价值大小的判断活动。对大学生进行人生价值评价教育，主要是教育和引导大学生处理好贡献和索取、内在价值和外在价值、创造价值与享受价值、目的和手段的关系，掌握正确的评价方法，坚持物质贡献与精神贡献相统一，坚持能力有大小与贡献须尽力相统一，坚持动机和效果相统一，坚持完善自身与贡献社会相统一，要反对错误思想和行为，正确处理好个人、集体和国家三者之间的利益关系。

（4）人生态度教育。所谓人生态度，是指人们通过生活实践形成的对人生问题的一种稳定的心理倾向和基本意愿。人生态度的形成既是一定社会环境影响的结果，也是一个复杂的心理过程，其中，认知、情感、意志是起着主要作用的三种心理要素。认知是人从环境中获取知识和应用知识的活动，它包括感觉、知觉、记忆、想象和推理等心理现象。情感指人在认识客观事物时产生的内心体验，它包括满意不满意、愉快不愉快、喜爱不喜爱等倾向。意志指人自觉确定目的，有意识地组织、调节等行为，并按主观意愿排除障碍和克服困难的心理过程，它是人的意识的能动方面，也是人的主体性的心理表现。当这些相关因素和条件发生变化时，人们的人生态度往往也会随之发生改变。

人生观是指对人生的看法，也就是对人类生存的目的、价值和意义的看法。人生观是由世界观决定的，其具体表现为苦乐观、荣辱观、生死观等。人生观是一定社会或阶级的意识形态，是一定社会历史条件和社会关系的产物。人生观的形成是在人们实际生活过程中逐步产生和发展起来的，受人们世界观的制约。不同社会或阶级的人们有着不同的人生观。

（二）政治价值观教育

政治价值观是指人们从价值判断、价值倾向、价值选择角度，对关于国家政治、法律思想、国家结构、政治制度、国家路线方针政策等政治方面的价值观点。政治价值观规定着人们的政治思想、政治方向、政治素质，左右着人们的政治观点和政治立场。政治价值观教育凸显了大学生思想政治教育的导向性，是实现大学生思想政治教育工具价值的主要内容。新时期我国大学生政治价值观教育的主要内容有马克思主义基本理论教育、共产党领导教育、爱国主义教育等。

1. 马克思主义基本理论教育

马克思主义基本理论教育主要是马克思主义的辩证唯物主义和历史唯物主义，重点是马克思主义的世界观，马克思主义的立场、观点和方法。毛泽东思想、邓小平理论、"三个代表"重要思想、科学发展观、习近平新时代中国特色社会主义思想是马克思主义中国化的理论体系，是贴近实际的理论教育内容，要将其与我国现行的路线、方针、政策结合起来，引导大学生用马克思主义的立场、观点、方法分析问题，正确认识思想意识的主流与支流、事物的本质与现象、局部利益与整体利益等，坚定广大学生走中国特色社会主义道路的坚定信念。

2. 共产党领导教育

坚持中国共产党领导地位的教育，要引导学生从三个方面加以认识。首先，坚持中国共产党的领导是中国历史的选择。中国共产党带领中国人民从封建落后中走出来，建立了人民当家作主的中华人民共和国，无论是推翻反动统治、建设中华人民共和国，还是改革开放、建设中国特色社会主义强大国家，都是以中国共产党的正确领导作为根本保证的。历史证明，只有坚持共产党的领导，中国才有希望，中国才能发展。其次，建设中国特色社会主义坚持共产党的领导是人民的选择，具有现实合法性。共产党是由人民中最先进的分子组成的，他们为人民的福祉而奋斗，人民相信共产党，依赖共产党，对共产党有着深厚的阶级感情。最后，坚持共产党的领导，是由共产党自身的先进性决定的。中国共产党是由人民中的最先进分子组成的，有着先进的组织原则和组织制度，有着光荣的传统和时代精神，有着远大理想和奋斗目标，始终代表着中国先进生产力的发展要求，代表中国先进文化的发展方向，代表中国最广大人民群众的根本利益。共产党自身的先进性决定了它能够肩负起历史和人民赋予它的神圣使命。❶

3. 爱国主义教育

对多元文化视角下大学生进行爱国主义教育，是政治价值观的重要内容。多元文化视角下大学生爱国主义教育的主要内容包括以下两个方面：

---

❶ 张坤. 高校红色基因传承与思想政治教育［M］. 北京：燕山大学出版社，2022.

一是中华民族优秀传统文化教育。中华民族是一个有着五千年悠久历史的伟大民族,我们的祖先通过世世代代的辛勤劳动创造出了光辉灿烂的历史文化,这是我们中华民族的历史瑰宝,是对大学生进行爱国主义教育的重要内容。在古老的《书经》中,周武王在《泰誓》里就提出"民之所缺,天必从之"的思想,强调要尊重人民的意愿和要求。古老的《周易》和《老子》充满辩证思想,至今为世界许多国家所研究和运用;至于《孙子兵法》和我国古代其他许多兵家的著述,至今被许多国家的军事学院定位为必读书,而且被广泛应用于企业和市场竞争中,以显示出他们的无限生命力。在近代,我们落后了,但在中华人民共和国成立不久后,我们便自力更生地制造出了"两弹一星"。我国在尖端科学、尖端医学等方面,有许多重大突破,居于国际领先地位。在当代,随着全球化浪潮的兴起,具有不同历史传统和民族特色的文化之间的碰撞和交融将更加广泛、更加频繁、更加激烈、更加深入。一个国家在全球化浪潮中能否保持其优秀的民族文化,不仅关系着本民族文化的生存与发展,还关系着国家的命运和前途。特别是一些西方国家借全球化之际,凭借其雄厚的经济实力和信息高科技的优势,打着"文化全球化""文化一体化"的旗号,大肆推行文化殖民主义,以达到损害别国本土文化的目的。因此,我们引导大学生继承和发扬中华民族优秀文化传统,培养大学生对民族文化的热爱和认同,增强大学生的民族自尊心、自信心和自豪感,使大学生在西方文化霸权主义面前,自觉保护和弘扬本民族文化,维护国家的利益。

二是国防教育。国防素质是每个大学生应当具备的基本素质之一。当代高校大学生作为社会主义事业的建设者和接班人,要不断增强国防观念,心系国家安危,肩负保家卫国的重任。在当今和平与发展的时代主题下,在总体国际局势缓和的态势下,局部的冲突还是有的,特别是恐怖主义危害的上升,霸权主义和强权政治有新的表现。我国在和平发展道路的征程中,会遇到各种风险和挑战。我们在集中精力搞发展的同时,必须大力加强国防军队的建设,为捍卫国家主权、领土完整,维护国家利益提供强有力的保障。大学生是社会主义现代化建设的有用人才,同时是国防建设的后备人才,必须具有很强的国防观念与忧患意识,积极关心国防、热爱国防,努力为国防和军队现代化建设贡献智慧和力量。

（三）道德价值观教育

在多元文化视角下的大学生思想政治教育中，面临着一个新的复杂的社会背景，社会的道德价值观从原来的一元发展为现在的多元并存状态，多种多样的道德价值观并存着、矛盾着，严重影响了大学生的正确道德价值观的建设。面对这种情况，新时期我国大学生道德价值观教育，既要以社会道德价值观教育内容为基础，又要与大学生特点和高校人才培养的规格相适应。大学生道德价值观教育的主要内容应当是与中华传统美德相一致的。

中华传统美德是中华民族几千年积淀下来的宝贵精神财富，它经过几千年的结晶，成为指导人们提升道德境界、提高人生价值和意义的经典道德规范。

1. 自强不息

"自强不息"这个词语最早出现在《周易》中："天行健，君子以自强不息"，它是从中国古代"天人合一"的宇宙观和朴素的人文思想中孕育发展出来的人民的心理素质和精神状态，它根植于中华民族的传统之中，是中华儿女发奋图强，自立于世界民族之林，实现民族伟大复兴的精神动力。从另一个方面来看，人类的发展，文明的进步，是永远不会终结的；而人对自然、社会发展的认识，以及在此基础上形成的永无止境地向上努力、自重自信自强的精神，便成了最适应现代社会发展需要的民族精神的突出表现。对大学生进行自强不息教育的目的，就是要使大学生志存高远，刚健有为，不怕困难，积极向上，奋发图强。

2. 忧患自省

忧患意识可以说是一种责任意识，它是个体履行应当承担的社会责任并努力维护社会正常运行的信念和意志。这种意识是个体在社会分化和社会整合中必须拥有的，要求人们在市场经济发展过程中敢于承担风险、敢于再创辉煌，把国家、民族的生存发展放在心上，还要求他们树立"以天下为己任"的历史使命感，维护国内安定、发展、团结、进步的稳定局面，保持积极进取、艰苦奋斗的昂扬斗志，以自身的行动去实现社会发展和民族振兴。

中华民族的优良传统远远不止这些，物物相依的集体精神、不畏强暴的抗争精神，还有生生不息的变革精神、经世致用的实用精神、正道直行的廉洁精神，大公无私的奉献精神，等等，都是祖先遗留给我们珍贵的精神财富，加强对大学生进行这些中华民族的优良传统精神教育，在不同的层次、不同的侧面磨练他们的意志、完善他们的人格，提升他们的精神境界。

二、大学生思想政治教育的主导内容

新时期，我国大学生思想政治教育的主导内容是社会主义核心价值体系。社会主义核心价值体系在我国整体社会价值体系中处于支配地位，在整体社会价值体系中发挥着主导作用，决定了整个价值体系的基本特征和基本方向，是建设和谐文化的根本。社会主义核心价值体系对大学生思想政治教育有着指导、引领和发展的作用。社会主义核心价值体系从更高层面、更系统地进一步丰富和深化了大学生思想政治教育的内容。坚持以社会主义核心价值体系融入大学生思想政治教育具有重要的意义。

（一）社会主义核心价值体系与现实思想需要相适应

将社会主义核心价值体系作为大学生思想政治教育的主导内容，在于它适应了现实思想领域矛盾冲突的需要，在于它对社会意识的统领功能。社会主义核心价值体系主动适应了思想领域的需要。

一是适应了全球化条件下多元文化交流碰撞的需要。现代科技特别是信息技术助推了全球化浪潮，也搭建了全球文化交流碰撞的桥梁。文化的属性决定了文化要追求真本、共同、普适，可具体文化产生的历史条件又使不同文化承载着本民族的特征，特别是承载着作为文化核心内容的价值观。所以，当前文化领域的交流，突出特征就是交融和碰撞。建设社会主义核心价值体系，从根本上为我国社会主义文化建设指出了遵守的原则，也指明了前进的方向。

二是适应了我国社会转型时期寻求共同价值观的需要。我国正处在社会转型期，转型期的社会价值冲突在所难免，并已经在我国社会生活中全面展开。人在社会生活中需要有一种价值信仰来安身立命，如果价值系统紊乱了，那么信仰也就困惑了。解放思想使人们产生了对多样性的兴趣，也满足了人们对多元价值观的了解认识，同时使人们面对价值多样性的多重选择。多样性的价值选择必然造成人内心的困惑。其实，任何人都不愿意真正陷入相对主义，相对主义会给人的精神和心理带来折磨。在当代中国社会的价值选择上，多样性困惑着人们，使人们几近无所适从。在这种状况下，建设社会主义核心价值体系，有利于引导人们尊重差异、包容多样、坚持主导、占领主流，建设以社会主义核心价值体系为指导的价值系统，在建设中国特色社会主义实践中实现有价值的人生。

（二）社会主义核心价值体系的理念

社会主义核心价值体系理念的核心内容是"富强、民主、文明、和谐"，一方面是因为这一理念充分吸收中国传统社会价值体系中的合理因素，另一方面则是因为这一理念吸收了西方社会传统价值观念中的积极因素，是新一代中国人的共同观念。

1. 富强

作为社会主义核心价值理念的"富强"并不是某个人在精神上或物质上的富有，而是全体人民的"共同"富裕幸福。因此，"富强"这一理念内在地包含着公平正义的基础理念（这也是其基本要求），社会主义核心价值体系的这一特点是由社会主义的本质决定的。共同富裕和人的全面发展是社会主义社会建设发展的基本目标，是效率与公平高度一致性的集中体现。

国家兴旺强盛是中国特色社会主义对中华民族发展的历史责任，兴旺是指民族生生不息的生命力，强盛是指不为其他国家所欺侮而必需的综合国力。

国家兴旺强盛，是以人民的富裕幸福为基本依托，人民富裕幸福是以国家兴旺强盛为基本保障。在当代社会，民族复兴、国家强盛，是全体中国人民的共同梦想。社会主义核心价值体系应当把这个理念包含进去。

2. 民主

"民主"，从它诞生之日起就与人的自由观念和自由行为相伴，人参与社会活动，受着社会观念的束缚，因此对自由的向往便成了其本能。在社会活动中，合理表达自己的诉求则成为人生活的基本要求。当人们从"对人的依赖性"走向"对物的依赖性"，社会物质财富仍然不能满足人类社会发展的需要，这种状态下单一个体"充分自由"最终将会导致他人的"不自由"，因此，自由只能是相对的，民主也仅限于某一个团体或某一个阶级之中。马克思、恩格斯在分析民主时指出，奴隶社会和封建社会的民主通常只在奴隶主阶级和封建地主阶级之中存在，而在资本主义社会，民主仅存在于掌握资本帝国的阶级之中，普通民众则无法享受。因此，民主只能建立在人们对生产资料的共同拥有的基础上——生产资料公有制，即社会主义社会和共产主义社会才能实现最高类型的为无产阶级和广大人民群众所享有的最广泛的民主，这就是人民民主。

党中央提出的"人民民主"是国家政治生活工具性与目的性的统一。首先，社会主义民主是人民集体管理国家的一种工具，是社会发展的一种重要政治制度。

其次，社会主义民主还是一种目的，是与人的"全面发展"相统一，与人的"自由"生活状态相融合，渐渐发展成为民众相互接触而产生的基本生活理念，是"人的自由而全面发展"生活状态的基本内容之一。

在中国，中国特色社会主义民主建设体现政治事业的目标就是实现民主的目的性与工具性的完美结合，随着党和国家政治理论宣传的不断扩大，我国人民群众的政治素质日渐提高，对于自己在国家政治生活中的权利和义务已经逐渐明确，认识到行使自己权利要在国家法律允许的范围之内，在国家建设的过程中履行自己的义务，而这也正是社会政治生活进入更高级发展阶段的必备条件。

3. 文明

文明的含义包括两个方面，分别是物质文明和精神文明。无论是物质文明还是精神文明，其最终目的都是实现"人自由而全面的发展"，对于中国特色社会主义建设事业来说都是关键因素。物质文明建设，能够丰富人民的物质生活，使人民逐渐摆脱"物的依赖性"；精神文明建设，则能够提升人民的文化、政治、道德等方面的素质，从而实现更高的生活水准。

构建社会主义文化的核心价值观是建设我国社会"精神文明"的重要组成部分。社会主义核心价值观十分倡导思想道德建设和教育科学文化建设这两个重要方面。其中，思想道德建设不仅继承了传统道德中的优良品德，而且解决了中华民族的精神支柱和精神动力问题，使整个中国社会以更加昂扬的斗志走向新的胜利；而关于教育科学文化建设，不仅更加强调中华民族的科学文化素质的建设和传承，同时更加注重现代化建设的智力支持问题。思想道德建设决定着精神文明建设的性质和方向。要在宣传教育之时，关注思想道德建设，建立与社会主义市场经济相适应的社会主义道德体系，保护好社会发展的"灵魂"。因此，不但要集中开展思想道德文化建设，还要在教育科学文化建设之中注入思想道德文化建设的内容，以全面提高我国人民群众的思想文化水平。因此，大力发展文教事业，是提高人民群众的认识水平的重要途径，从而在人民群众的思想上逐渐形成崇尚科学精神、反对迷信的正确意识。❶

4. 和谐

近年来，党中央倡导的和谐价值理念逐渐得到社会人民群众的广泛认同。人民群众已经明确了社会主义和谐社会的指导思想、目标任务和原则，并应用到社会建设的所有领域。中国特色社会主义和谐社会的理念是要与中国社会几千年来的"大同"社会理想相一致的。因此，党中央也同广大人民群众一道坚持在社会制度建设、社会公平正义、和谐社会文化等方面致力于社会建设，从而使几千年来中国的和谐社会理想从理论和理想变成了现实的实践和奋斗目标。在当前及今后的一段时间内，中国特色社会主义和谐社会建设必须做到"三个坚持"。

（1）要坚持中华民族传统的价值趋向。中华民族传统的价值趋向是和谐社会建设团结的基础。长久以来，在爱国主义精神的影响下，不同民族、不同政党、不同阶级消除了原有的分歧，他们团结起来，抵御外侮，共筑中华民族的精神长城。中华民族传统的价值趋向还有许多其他内容，同样是团结我国人民群众的重要力量。

（2）要坚持维护社会稳定团结的社会正义和秩序。现代社会的规模十分庞大，社会结构非常复杂，要实现一切井然有序，就必须要有一个完整、精微和相互配合的规则体系。而这个规则体系就是我国人民认可的社会正义，只有坚持社会正义，才能为广大人民群众所认可。

---

❶ 叶方兴. 思想政治教育的社会视界［M］. 桂林：广西师范大学出版社，2020.

（3）要坚持不放弃竞争。和谐社会并不是放弃斗争或不存在竞争，而是在竞争中逐渐走向社会和谐。在阶级压迫的时代，没有竞争就不能生存，就没有出路；就是在社会稳定的建设时期，也需要竞争，才能维护和谐。讲和谐，并不是说放弃竞争。甚至在和谐社会，还要开展针对邪教的斗争，使邪教逐渐失去生存的土壤。

三、大学生思想政治教育的创新内容

大学生思想政治教育的创新内容是时代对大学生提出的新要求，是应对大学生思想问题的必然，是大学生思想政治教育内容结构中从无到有、从零散到系统的内容，具有鲜明的时代特征。这类内容主要包括生活观教育、网络道德教育、国际素质教育等。

（一）生活观教育

1. 生活观的内涵

马克思主义反映论认为："观念的东西不外是移入人的头脑并在人的头脑中改造过的物质的东西而已。"而另一种观点则认为："生活观，是人对生活的基本看法和态度，其本质上是人生观问题，又是价值观的外部表现形式。一种全新的生活观，是依托于一种有价值的人生观的。"

对大学生进行生活观教育的主要目的是，通过教育来培养大学生形成良好的生活观，养成积极向上的生活态度，实现大学生的全面发展。大学生是国家的栋梁，是祖国未来的希望，因此对大学生进行生活观教育是极为必要的。其不仅可以帮助大学生学习专业知识，并且还可以帮助其掌握生活方面的知识和技能，从而全面提高自身的素质，为以后进入社会打下坚实的基础。当前对大学生进行生活观教育，其中的一个重要目的是，让大学生可以对生活观教育在大学时期的地位有一个明确的认识，为大学生提供科学、健康的观念、技能和方法，实现高校大学生的全面发展。

随着世界多元化与经济一体化的不断发展，我国高校学生的生活观受到了不小的冲击，大学生的生活观也出现了多种问题。面对这种情况，大学生思想政治教育应对大学生生活观教育中存在的问题进行深入地分析，掌握大学生生活教育的发展趋势，对教育方法不断进行创新。在对大学生进行生活观教育的同时，要为大学生提供更加优质的教育，从而实现大学生的全面、健康发展。

2. 生活观教育的内容

（1）学习观教育。大学生的学习观，是指学生个体对知识、学习经验持有的直觉认识，是学生个体对知识和学习的一套认识论信念系统，它涉及对知识性质、学习性质、学习过程与学习条件等维度的直觉认识，这是关于学生学习的基本观念体系。在对大学生进行学习观教育的过程中，其最为重要的是要树立并且切实实行正确的学习观。正确的学习观不仅有助于大学对专业知识和生活技能的培养，同时还有助于促进学校教育、教学的不断改革创新。

当前，大学生的学习观存在着严重的问题，如没有远大志向，学习目标不明确；单纯应付考试，学习态度不端正；缺乏学习的主动性；等等。为了解决大学生在学习观中存在的问题，可采取以下解决措施。

第一，明确学生学习的主体地位，要学会学习。在人类不断发展的过程中，学习在其中发挥了重要的作用。对于高校的大学生来说，他们享有丰富的学习资源，学习是他们最重要的目的。高校学习与以往的学习环境有着较大的区别，因此大学生要改变以往的学习方式，学会学习。大学生要端正自身的学习态度，明确学习目的，培养积极主动的学习精神。学会掌握学习的理论、知识、技能，遵守学习规律，选择恰当的学习方法，这样才能达到事半功倍的效果。大学生思想政治教育工作者在上课的过程中，要注重培养学生养成正确的学习方法，这有助于获得更好的教学效果。

第二，培养学生的学习兴趣，提高创新能力。在学生学习的过程中，兴趣在其中充当了一个重要的因素，可以激发学生的学习兴趣，教师和家长应该正视并培养学生的兴趣，因材施教，以提高学生的学习质量。在原来的学习过程中，由于没有掌握正确的学习方式，很多学生都只是"读死书、死读书"，在这种学习方式下培养出来的很多都是"书呆子"，学习成了被动，不能真正激发学生的学习潜能。在经济高速发展的今天，创新已经成为经济乃至国家的发展动力，因此应全面培养学生的创新意识，提高创新能力，树立以创新为荣的观念。对于学校和教师来说，就要为学生创新能力的培养提供良好的外部条件，鼓励学生进行创新，为学生塑造出良好的创新学习氛围。

第三，增加师生交流，培养师生感情。对于师生关系来说，教师不仅是学生学业上的指引者，更是学生学习和生活上的朋友或亲人。自古以来就有"一日为师，终身为父"的说法，这就足以说明师生关系的重要性。良好的师生关系，可以提高学生的学习积极性，激发学生的学习欲望。因此，教师在教学的过程中，还要注重加强与学生之间的交流，同学生之间建立起一种亦师亦友的感情，为学生在学习或是生活中遇到的问题进行解答或提供帮助。这样就有助于学生端正学习态度，树立正确的学习观，掌握正确的学习方法，提高学习效率。❶

（2）消费观教育。大学生的消费观指的是，大学生对于消费水平、消费方式的态度和看法。在经济高速发展的今天，消费已经不仅仅只是一种生活方式，其更是一种生活态度，也是一种文化，它可以反映出人们的人生观和价值观。大学生是一个特殊的消费群体，他们的消费观不仅会对自身的消费习惯和行为产生影响，同时也会对整个社会的消费趋势和消费文化产生重要的影响。当前大学生的消费观存在着严重的问题，主要表现为：攀比现象严重、理财意识欠缺、浪费严重、追求时尚和享受；等等。面对大学生消费观中存在的问题，学校和家庭应该联合起来，共同对大学生的消费观进行引导和教育，帮助其树立起正确的消费观。

第一，引导大学生树立发展的消费观。大学生要树立正确的生活观，培养健康的消费观也是其中一个重要的部分。随着我国经济的不断发展，人民生活水平的不断提高，大学生的物质文化生活也越来越丰富多彩。但需要注意的是，虽然大学生的物质生活水平有了显著的提高，但是消费观念却存在着较为严重的问题。在高校的学习生活中，很多大学生的主要休闲方式是上网聊天、看视频、打游戏等，这严重占用了他们的学习时间。作为国家未来的栋梁，大学生应该建立积极的精神消费，树立发展的消费观。大学生应该尽量减少网络虚拟休闲方式，博览群书，多听陶冶心灵的音乐，积极参加校园活动，提高自

---

❶ 柳琼，韩冰，张薇. 大学生思想政治教育对策研究［M］. 长春：吉林出版集团股份有限公司，2020.

身的消费档次，丰富自己的精神世界。

第二，主张节约、适度的消费。对于在高校学习的大学生，家长不仅要为其提供支持其完成学业的资金，同时还要密切关注孩子的消费情况，在发现其有不合理的消费情况时，要及时进行制止并纠正，并引导孩子建立起正确的消费观。家长还可以采取一些特殊的措施，从而培养孩子吃苦耐劳和勤俭节约的品质。对于孩子在金钱上的需求，不能毫无节制地给予满足，而应要引导他们建立恰当的理财方式，鼓励他们积极参加社会活动，建立自立自强的道德品格。

第三，开展绿色消费。随着社会经济的不断发展，人们对大自然的需求也日益提高，由于人们对大自然的肆意索求，对生态系统造成了严重的破坏。面对这种情况，高校应该对学生进行绿色消费指导，这样不仅可以帮助学生培养可持续消费的理念，同时也有助于保护环境。

（3）恋爱观教育。恋爱观是生活观的一项重要组成部分，指的是对恋爱所持的基本观点和态度。对大学生进行恋爱观教育，是指要对大学生的恋爱进行正确的价值引导，帮助其树立起正确的恋爱观。对大学生进行恋爱观教育，会对大学生的恋爱和婚姻产生正确的引导作用。应当明确的是，大学生由于受到心理和生理发展的限制，恋爱观还不够成熟，如果不对其进行正确的引导，那么很有可能会对其身心健康甚至是未来的生活产生重要的影响。因此，高校、家庭和社会在面对大学生的恋爱观的问题时，要秉持理性的态度，帮助大学生树立起正确的恋爱观。

第一，引导大学生树立严肃、专一的恋爱观。对大学生进行恋爱观教育，要让其明白，恋爱并不是儿戏，而是一种责任和态度，要理性选择和对待。在双方确立了恋爱关系之后，就要对对方忠贞，不能移情别恋，见异思迁。在恋爱的过程中，要学会容忍、宽容和体谅，这样才能实现共同进步。

第二，培养大学生责任和奉献的爱情观。大学生在恋爱中，要懂得恋爱更多的是一种责任和风险，是不求回报的。在恋爱的过程中，大学生要奉行无私奉献的精神，对伴侣百般呵护，这样才能获得稳定而崇高的爱情。

第三，培养大学生志同道合的爱情观。大学生在选择伴侣的过程中，应将共同的信仰和追求的择偶标准放在首位。更应该明确，只有建立在共同思想品德、事业理想和生活兴趣基础之上的爱情，才能实现更好地交流，才能更加长久，才能经受更多的辛苦和磨难，从而最终获得更加美好的未来。

（二）网络道德教育

现在，网络已经成为大学生学习和生活的重要组成部分。网络在为大学生提供丰富的资源的同时，产生了如沉迷网络游戏、网络交友甚至网络犯罪等问题。在大学生思想政治教育的过程中，很多教育工作者认识到了这一点，主动对大学生进行了网络道德教育，及时纠正了大学生因沉迷网络而导致的一些错误观念和行为，有利于大学生身心健康的发展。

1. 网恋心理教育

网恋在目前社会来说较为普遍，并且发生网恋行为的人群涵盖多个年龄段。在年轻人中，网恋更是屡见不鲜了。

研究发现，有网恋行为的大学生们进行网恋的主要目的是"寻找精神慰藉"和"好玩"。网络恋爱其实是一种畸形的、不健康的爱情观。热衷或沉迷于网恋给一些青年大学生网民的学习和生活造成了较为严重的负面影响，并由此引发了一系列的社会问题。大学生思想政治教育者必须对大学生网民进行网恋心理教育和引导。高校要对大学生网民进行正确的恋爱和婚姻观的教育，应通过这种正面教育和引导使大学生网民正确地认识网恋及其可能造成的负面影响，树立正确的恋爱观并在现实中能够正确地处理恋爱与学习的关系。

2. 网络文化教育

针对网络信息鱼龙混杂的状况要有效引导网络舆论向健康的环境发展，必须加强网络文化教育，用健康、科学的文化引导网民的思想和行为。网络文化教育包括：中华民族传统优秀文化教育、国情教育、人文科学知识教育和网络知识教育。中华民族传统优秀文化是我们中华民族生生不息的基础，其中的优秀伦理文化，更凸显了民族的特色。面对互联网时代西方文化对我国人民思想侵蚀的进一步加剧，我们有必要在网络空间中高扬中华民族优秀传统文化的旗帜，通过净化我国网民的思想来净化网络舆论环境。由于互联网具有超国界性，网络受众过多地沉浸于互联网世界，久而久之，会淡化国家与民族的观念，加上网上外来的信息汹涌而至，挤占甚至淹没了本国或本区域信息的位置和地位，从而可能使网络受众对自己的国家越发陌生，对国情了解得越少。因此，在网络上开展国情教育，是网络思想政治教育培养适应社会主义现代化建设重要人才的内在要求。

3. 网络安全教育

在当前高校及社会网络迅猛发展的新形势下，网络安全显得尤为重要。在新形势下，如何保障网络安全已经成为人们普遍关注的问题。通常情况下，国家主要通过安全技术和法律手段来保障网络的安全，但无论是安全技术还是法律手段，都存在其自身的局限性及滞后性。因此，越来越多的国家开始呼吁把教育也作为网络安全的重要对策之一，以最大限度上减少危害网络安全的人为因素。

首先，要充分认识网络安全的重要意义。在当今世界，由于高度发达的信息网络越来越成为经济发展的重要支柱和动力，成为提高社会生活质量的基础设施，因而现在一个国家的经济安全越来越依赖于信息网络安全，而经济安全又直接关系着国家的安全。因此，网络安全对于一个国家整体安全状况有着至关重要的意义。当代发展中国家普遍面临着网络霸权的威胁，这些威胁既包括西方大国对发展中国家的信息运用的设防，也包括他们利用在信息领域的主宰地位，通过互联网上的电子邮件、电子报刊和一些音像作品及其他信息媒体展开新一轮的宣传战、心理战，更严重的是，他们通过技术手段对他国政府和个人进行了肆无忌惮的监视和信息盗窃。

其次，要不断增强信息网络安全意识。长期以来，网络安全问题并没有受到人们的高度重视，人们的网络安全意识欠缺。大部分网站在创立的时候或在其发展历程中，更多地把焦点放在了网站的实用性和便利性的开发上，对网络安全问题丧失了应有的警惕性，以至于使网站在建成之后存在很大的安全隐患。所以，我们在看到我国信息网络快速发展的同时，不重视对全体网民的网络安全教育，不断增强他们的信息网络安全意识。❶

---

❶ 郭鹏. 思想政治教育网络传播研究［M］. 武汉：武汉大学出版社，2022.

（三）国际素质教育

国际素质教育是全球化发展的必然要求，是实现大学生具有全球化视野和国际竞争力的最优途径，是培养创新型人才的重要方法，是造就国际化大学生人才的必然选择，多元文化视角下的大学生思想政治教育应当并蓄国际素质教育。大学生国际素质教育应该包括适应全球化发展和国际需求的态度、知识、技术、思维、能力五个方面和层次的教育。

1. 态度教育

国际素质教育中的态度是指大学生需要具备适应国际化战略发展要求的多种意识和态度，包括民族意识、世界意识、坚定中国特色社会主义方向意识、终身学习意识、了解世界文化意识、鉴别社会思潮意识等。民族意识是指大学生在国际交往、工作中需要知晓中华民族历史、优秀传统文化、中华传统美德，具有民族自尊心、民族自豪感、民族认同感，热爱祖国等；世界意识是指大学生在处理各种问题时能够充分考虑国际因素，关注科技进步，关心全球治理问题；坚定中国特色社会主义方向意识是指大学生在国际交往、工作中应坚持中国共产党的领导，坚定社会主义共同理念；终身学习意识是指大学生应具有事物是不断发展变化的认识，主动了解、接受、运用新事物，放眼全球，始终不断地学习提高；了解世界文化意识是指大学生应该承认世界文化的多样性，主动了解世界各国，特别是文明发展程度较高国家的文化；鉴别社会思潮意识是指大学生在接触各种良莠不齐的社会思潮时应保持"去其糟粕、取其精华"的意识，始终保持正确的世界观、人生观和价值观。

2. 国际知识教育

国际素质教育中的国际知识是当代大学生所需的知识支撑，包括国际形势、国际政治、世界历史、国际礼仪、国际交往规则、国际基本法律知识、国际语言知识、宗教知识等。国际形势是指在国际风云瞬息万变的时代大背景下，大学生应通过有效方式了解国际各种情况和大事件的发展变化，并能判断其发展趋势；国际政治是指大学生应了解和掌握世界各国，特别是主要大国的政治制度、政治现状、政治趋势情况；世界历史是指大学生应了解和知晓世界各国，特别是主要大国的历史情况，更好地了解和判断各个国家人民的思维习惯和价值取向；国际礼仪是指大学生在与外国人的交往中，行为方式要尊重其习惯，避免因伤害其风俗信仰而造成误解；国际交往规则是指大学生应熟悉国际商务知识，通晓国际商务惯例，并能熟练运用和处理问题；国际基本法律知识是指大学生要了解和通晓基本的国家法律，以及一些主要大国或业务交往国的法律知识；国际语言知识是指大学生应至少掌握一门国际通用语言，能够做到基本的听、说、读、写，能够与外国人进行流畅的沟通；宗教知识是指大学生要了解不同宗教的教义教规，知晓不同国家、不同地区人民的宗教信仰状况，避免因宗教无知导致不必要冲突。

3. 先进技术

国际素质教育中的先进技术是当代大学生应具有的技术支撑，主要包括新媒体技术和专业知识技术等。新媒体技术在一定程度上有超越国界的统一趋势，大学生应能了解互联网特征，掌握互联网技术，如熟练使用 office 办公软件、网页制作软件、数据库统计分析软件等；专业知识技术是指大学生从事具体职业或行业所需的专业知识技术，应确保自身专业知识技术能够与国际先进水平接轨。

4. 国际思维

国际素质教育中的国际思维是指当代大学生应具有先进的思考问题的方式，主要包括：竞争思维、合作思维、问题思维、战略思维、时间思维、媒介思维等。竞争思维是指大学生在从事国际工作、处理国际事务时应具有"国际一流、勇于担当"的积极精神，以在日趋激烈的国际环境中处于有利地位；合作思维是指大学生应将个人目标与团队目标紧密结合，并与团队成员并肩工作，形成巨大的团队优势；问题思维是指大学生应具有预见问题、发现问题、分析问题、解决问题的能力，将各种不利问题和矛盾解决在"萌芽"状态；战略思维是指大学生在国际交往、合作和工作中应具有战略眼光，考虑全局的发展，拥有巨大的决策勇气和准确预见力；时间思维是指大学生应该具有短期、中期、长期的发展计划，在处理具体工作和事务中应该具有准确的时间观念，珍惜分秒时间；媒介思维是指大学生应该重视传播媒介的重要作用，将传播媒介作为获取重要信息的途径和开展工作的重要手段。

5. 国际能力

国际素质教育中的国际能力是当代大学生应具有的有利于促进工作开展、自身发展的各种能力，主要包括：心理抗压能力、国际沟通能力、国际交往能力、批判创新能力等。心理抗压能力是指大学生在面对激烈的国际竞争时，要有良好的心理承受能力，能够自我或通过其他途径排解、排除巨大压力，保持心理健康；国际沟通能力是指大学生能够站在他人的立场上思考问题，尊重他人，欣赏和听取他人的意见，以赢得对方的肯定，促进工作顺利开展；国际交往能力是指大学生能够以开放的态度了解、掌握、适应和参与世界多元化发展，并不断建立、维持和发展良好的国际关系；批判创新能力是指大学生在国际交往和工作中应具有分析判断能力，对不良现象要敢于批判，并能够创造性地开展各项工作。

（四）荣辱观教育

荣辱观是人们对荣誉和耻辱的根本看法和态度，属于道德的范畴，是世界观、人生观、价值观的外在形式和现实表现，它集中反映了社会的价值导向、人们的精神状态和社会的文明程度。荣辱观古已有之，荣辱心人皆有之。我国古代的思想家历来十分重视荣辱观念，有"不知荣辱乃不能成人""宁可毁人，不可毁誉""宁可穷而有志，不可富而失节"等格言警句。"荣"即荣誉，"辱"即耻辱，两者通过比较而存在，通过斗争而发展。荣辱观是个历史范畴，在不同时代往往有着不同的社会内容。

树立和践行社会主义荣辱观是一项社会系统工程，不仅要靠广泛的宣传教育，也需要有针对性地提出各层各界、各行各业、各年龄段的具体要求，通过各个方面的共同推进，形成合力。在大学生思想政治教育中加强社会主义荣辱观教育，就必须把社会主义荣辱观引入教材、引入课堂，纳入学校思想政治教育的全过程，渗透到学校教育的各个方面和各个环节。要立足基层，着眼实践，将"八荣八耻"形象化、具体化、生活化，使受教育者觉得可感可触，可亲可信，可学可用，教育和引导广大青年学生从我做起、从现在做起，从身边事、眼前事、点滴事入手，做到知行合一，言行一致，防止出现"对下不对上、对外不对内、对人不对己"的倾向和"内心外表不一、言论情感不一、行为前后不一"的现象，使广大青年学生在参与中实现自我教育、自我约束、自我提高，使树立和践行社会主义荣辱观成为广大社会成员的自觉行动，形成社会主义荣辱观教育的长效机制。❶

第三节 大学生思想政治教育的目标

随着经济和社会的发展，科技和教育地位凸显。随着全球范围内的信息产业的进步，高等教育发展迎来了良好机遇，同时面临严峻的挑战。高等教育要造就有理想、有道德、有文化、有纪律，德智体美劳全面发展的社会主义合格建设者和可靠接班人，必须重视高校思想政治教育。要使高校思想政治教育真正落到实处，收到实效，就必须遵循党的教育方针，根据经济发展与社会进步对人才素质的要求，从大学生思想道德水平和政治素质实际出发，确定高校思想政治教育目标，充分发挥其在高校思想政治教育过程中的导向作用。

一、确立大学生思想政治教育目标的意义

（一）开展大学生思想政治教育活动的前提

只有构建并确立大学生思想政治教育目标，才能依照目标的要求来确定教育的内容、实施的途径方法，遴选合适的实施执行者，安排合理的时间和必要的制度，才能制订出思想政治教育体系的具体任务，使大学生思想政治教育工作者和大学生的双向互动机制有目的、有计划地进行；才能引领大学生思想政治教育行为向着一个明确的方向发展，大学生思想政治教育的成效才能有科学客观的评价标准。

（二）提高大学生参与思想政治教育活动自觉性的关键

由于目标具有导向性和可测性，因此目标一旦确立后，就会显示出明确的发展方向和社会价值，使大学生思想政治教育工作者与大学生都能从中感受到

---

❶ 范翠莲，李春风，边黎明．思想政治教育与实践［M］．北京：九州出版社，2018.

目标的实现带来的人才效应及精神需要的满足，从而使目标产生导向和激励效应，激发和推动人们自觉、积极地为实现目标而奋斗。

（三）检验大学生思想政治教育效果的重要依据

大学生思想政治教育目标具有双重功能，它既是大学生思想政治教育活动的起点，又是大学生思想政治教育活动的终点。"目标"在大学生思想政治教育过程中所处的这一特殊地位，使它成为评估大学生思想政治教育效果指标的依据。一般而言，"目标"比较原则化和抽象化，如果将其具化为一系列定性与定量的指标，就能评定大学生思想政治教育的实际效果，从中检验出教育活动的过程是否正常运行，是否偏离目标指引的方向。同时，以大学生思想政治教育目标为依据，还可以从评估指标中测出预期的教育效果是否达到或达到的实际程度。❶

二、大学生思想政治教育目标的分析

大学生思想政治教育目标具有一定的层次性和系统性，它融于整个社会主义精神文明建设的大系统中，反映了大学生身心健康成长各个方面的相互影响、相互作用，形成了外在结构和内在结构的大系统。

（一）大学生思想政治教育目标的外在结构

大学生思想政治教育是社会主义精神文明建设的一个重要组成部分，它是社会主义政治、思想、道德等社会意识形态在大学生个性心理中的内化，并在大学生德智体美劳等方面的发展中起指导作用。因此，社会意识形态、大学生个性心理品质教育、大学生智育、体育、美育、劳育等对思想政治教育的影响，是认识思想政治教育内容不可缺少的重要因素，可以把它们看作大学生思想政治教育目标系统外的环境因素，是构成大学生思想政治教育目标的外在结构。

1. 社会意识形态

我国大学生思想政治教育以马克思主义、毛泽东思想、中国特色社会主

---

❶ 刘淋淋，刘名学，段华琼. 大学生思想政治教育实践与创新［M］. 延吉：延边大学出版社，2022.

义理论体系为指导，辩证唯物主义和历史唯物主义决定了大学生思想政治教育的根本观点、全部过程和所有工作。在大学生思想政治教育的目标内容中，科学世界观和方法论的形成是基础，它决定并制约着社会主义的人生观、价值观、道德观的形成。政治思想是经济基础、阶级利益关系最直接、最集中的反映和表现。政治思想在社会意识形态中处于主导地位，并对其他形式的社会意识起着直接的、全面的、重大的制约影响作用，同样也对思想政治教育，特别是对思想政治教育目标和内容起着直接、全面、重大的制约作用。在社会主义社会，马克思主义在意识形态领域处于指导地位，它对社会主义思想政治教育的目标、内容以至整个过程都有着直接的、全面的、重大的制约、影响作用。

道德观念制约、影响着思想政治教育目标的基本内容。在社会主义社会，集体主义是思想道德建设的核心，它对思想政治教育内容中的人生观、价值观，包括苦乐观、荣辱观、义利观等各个方面的目标内容，都起着核心枢纽作用。

科学是社会意识的一种基本形式，也是影响大学生思想政治教育目标内容的一个基本方面。社会主义建设者和接班人要求具有现代科学知识、科学精神、科学素养，形成现代科学的思维方式，这是形成正确思想政治教育观的重要基础。

2. 智育、体育、美育、劳育

思想政治教育与智育、体育、美育、劳育统一于培养人的活动之中，它们相互渗透又相互制约。

首先，它们统一于培养人的活动之中，存在于教育的整体结构之中。

其次，它们又是相互渗透的，智育、体育、美育、劳育之中包含着思想政治教育的因素。

最后，它们之间是相互制约和相互促进的。人的体质、智力、品德、美感之间是对立统一的。只有思想政治教育与体育、智育、美育、劳育配合进行，才能彼此促进，培养出符合社会需要的、在德智体美劳诸方面都能得到发展的社会主义建设者和接班人。

3. 个性心理品质教育

个性心理品质教育和思想政治教育之间的关系很复杂。个性心理品质一方面受到一定社会政治、思想、道德、规范的制约，另一方面又是形成政治、思想、品质的基础，政治品质、思想品质与道德品质只有与个性心理品质融合，才会根深蒂固。思想政治教育过程本身就是内化与外化相结合的过程。外部的政治思想及道德要求只有内化为个体的知、情、意，才能外化为行为。

（二）大学生思想政治教育目标的内在结构

在当代中国，大学生思想政治教育的基本内容包括：社会主义道德教育、政治教育、思想意识教育三个部分。社会主义道德教育处于基础层次，政治教育处于中等层次，思想意识教育则处于最高层次。低一级层次上的教育要以高于它的层次上的教育为指导，高一级层次的教育要以低于它的层次上的教育为基础。

道德教育是以社会主义、共产主义的道德准则来规范教育大学生的，具体包括调整社会生活中人我、群我关系，以及人与自然的物我关系的道德准则和规范的教育，调整社会公共生活、职业生活、婚恋家庭生活的道德准则和规范的教育，包括以为人民服务为核心的社会公德、国民公德、人道主义、集体主义四个层次道德的教育，以及谦虚、谨慎、自尊、自爱、自强、惜时、守信、诚实、正直、勇敢、勤劳、俭朴等优秀品德的培养。

政治思想是社会政治关系和人们物质利益的反映和表现。在阶级社会里，各阶级都非常重视用本阶级的政治思想及其体现的政治规范教育人，以维护其政治经济利益。在社会主义中国，现阶段的政治教育包括：党的基本理论、基本路线、基本纲领的宣传教育，科学发展观教育，社会主义、爱国主义教育等内容。

在社会主义社会，思想意识教育特指科学世界观教育，马克思主义基本立场、观点、方法教育，核心是共产主义理想教育，具体包括科学人生观教育，无神论教育，辩证唯物主义世界观、方法论教育和理想教育等。

大学生思想政治教育的三个方面内容是相互联系的、三位一体的，它们追求的大学生政治素质目标、思想素质目标和道德素质目标组成了大学生思想政治教育目标的有机体系，形成了大学生思想政治教育目标的内在结构。

三、大学生思想政治教育目标

（一）大学生思想政治教育目标的内涵

大学生思想政治教育目标就是大学生思想政治教育要达到的预期结果或总体质量标准。新时代大学思想政治教育目标就是培养具有良好道德素质、社会主义思想观念、正确行为实践的建设人才。具体来说，就是以马克思主义为指导思想，坚定拥护社会主义制度，坚定拥护国家的方针、政策、路线等，这也是与资本主义国家思想政治教育的最大区别。

当代大学生思想政治教育的目标应该有科学的定位，同时关注我国已发生巨大改变的社会实情。丰富多彩的社会环境，使得高校大学生思想发展呈现多元化的特点。只有创新教育目标，才能满足大学生丰富的思想要求。大学生思想政治教育目标主要包括以下内容。

1. 培养社会主义思想品德是首要目标

从这个意义上来说，必须对大学生灌输社会主义理论，从思想上提高大学生的觉悟及道德水平。

（1）要引导大学生学习和掌握党在新时代的基本路线、方针与政策，培养大学生坚定中国共产党领导和坚持党的基本纲领的决心。

（2）要引导大学生理解与掌握马克思列宁主义和中国特色社会主义理论体系，从而掌握认识世界的科学世界观和改造世界的科学方法论。

（3）要鼓励大学生积极参与社会实践，多了解我国的国情，客观分析国际、国内形势，明确历史赋予自己的时代使命。

2. 塑造理想的社会主义人格思想

塑造理想的社会主义人格即在思想观念、道德品质、心理素质和行为方式上与中国社会主义市场经济体制相适应的人格。

（1）具有积极的进取精神，勇于挑战，敢于参与竞争，培养适应社会发展的能力。

（2）具有良好的创造性，通过深入探索，大胆提出新见解，并积极努力寻求解决方法。

（3）通过不断寻找与探索新问题，实现自我超越，使思想行为随着社会的发展而不断发展。

3. 科学引导行为实践

从思想上引导大学生正确认识环境，使其能在任何环境下选择正确的行为方式。通过思想政治教育，引导大学生积极践行真、善、美的行为准则。当代大学生面对的是转型时期千变万化的社会现实，社会环境非常复杂，仅仅依靠大学生本身的努力，很难分辨行为实践是否符合社会发展的科学规律。因此，一方面要对大学生进行有效的指导，另一方面要培养大学生努力发展、适应与科学改造社会环境的能力。

（二）大学生思想政治教育目标的合理性分析

1. 符合社会发展的需要和人才成长的需求

在知识经济时代，科技是第一生产力，它要求人们不断反省自身，超越现实，进行知识创新、技术创新和生产创新。时代呼唤着创新型人才。在这样的社会转折期，新旧道德、价值观念激烈碰撞，人才必须慧眼识真，在碰撞中把握时代的主旋律。现代化的大生产，知识的普遍应用，网络时代的到来，意味着当今时代有越来越多的纽带把人们紧密地联系在一起，极端个人主义、自私自利必将碰得头破血流，而合作精神、协调理念、集体主义、为人民服务将成为时代的主旋律。在激烈的市场竞争、知识竞争、人才竞争中，时间、效率、竞争、开放、信息、法制观念和开拓进取精神，以及乐观向上、务实求真的生活态度，勇于竞争、不怕挫折的顽强意志，自信、坚韧、果断、机敏、谨慎、热情等个性心理品质，都是不可或缺的。创新、合作、协调、反省、超越、进取、务实的品质是现代社会所必需的。

中华民族正处在伟大复兴的伟大时代，这是一个需要人才也是人才辈出的时代。大学生大多渴望成才，报国立业。然而，他们的成才需求绝不是传统性的，而是现代性的；更不是整齐划一的，而是变化多样、富有个性化发展色彩的。无论外在的适应，还是内在的提高，健康完善型人格的培养都是符合人才成长需求的理性选择。而人才的个性化发展，必须以"宽基础"为前提。健康完善型人格的培养，应着眼于提高大学生整体的政治、思想、道德、心理各方面的基础素质，满足大学生的成才需求。

2. 符合教育规律和学生成才规律

教育存在两条基本规律：一是教育既适应又促进社会发展的规律。社会决定着教育的性质和发展方向，并为教育的发展提供保证条件；教育通过提高人的素质培养人才，又反过来不断推动、促进社会的文明与进步。二是教育适应并促进人的发展规律。我国社会主义教育的目的在于培养德智体美劳全面发展的人，所以坚持全面发展的教育。

学生成才的规律也可以概括为两条：一是要立足于自身的身心特点和个性发展等现实条件，做好自我价值的选择；二是自我价值必须与社会价值相统一，才能得到最大的实现。思想政治教育目标的确立正是按照学生成才规律的要求，着重分析大学生的自我需要与社会环境需要及其制约性。而思想政治教育目标的价值性，正合乎教育基本规律的要求，一方面其直接促进大学生健康而全面的发展，另一方面使大学生在适应社会、适应时代、服务社会的同时，也推动了社会的发展和时代的进步。

3. 符合大学生思想政治教育的总体要求

《中国普通高等学校德育大纲（试行）》规定："高等学校的根本任务是培养德智体等方面全面发展的社会主义事业的建设者和接班人。"❶ 分析这一目标，我们可以看出它包括对大学生在政治、法律、思想、道德、心理、行为等各个方面的要求。因而，健康完善型人格培养目标的确立，正是根据这一目标，在分析当今社会发展需要的基础上得出的理性结论。

---

❶ 教育部思想政治工作司组编．加强和改进大学生思想政治教育重要文献选编（1978—2014）[M]．北京：知识产权出版社，2015.

第四章　大学生思想政治教育的创新研究

创新是大学生思想政治教育发展的不竭动力。只有我们不断进行创新，大学生思想政治教育才能不断前行。本章从大学生思想政治教育的现实需要出发，主要研究从大学生思想政治教育方法、大学生思想政治教育载体、大学生思想政治教育价值、大学生思想政治教育管理、大学生思想政治教育机制等几个方面进行创新。

第一节　大学生思想政治教育方法的创新

一、以校园网络建设为平台，加强大学生思想政治教育

新世纪是一个高度信息化的时代，网络正在成为影响人类社会生活的主体。正如美国未来学家托夫勒所说："谁掌握了信息、控制了网络，谁就拥有这个世界。"❶ 这句话也在表明，高校由于在信息资源和人才培养中的重要地位，成了中国"网络社会"发展的前沿。因此，要增强思想政治教育的实效性，必须创新多层次的网络教育法。网络教育法是教育主体利用网络有目的、有计划、有组织地对大学生施加思想观念、政治观点、道德规范和信息素养教育方面的影响，然而，大学生们并未感到有任何的强制性。因此，网络教育法

---

❶ 宁玉民．思想政治教育方法和途径的创新［J］．学校党建和思想政治教育，2001（5）：107-108.

能取得很好的教育效果。

（一）构建与互联网相适应的高校"两课"教育机制

构建与网络时代相适应的高校"两课"教学工作机制，是"两课"教学改革的重要方面。网络技术的发展，信息渠道的扩大，客观上要求调整"两课"教育机构和人员的传统工作职能，即由单向传授向研究指导咨询和顾问的方向转化。也就是说，"两课"正在逐步削弱教育机构作为行政机构的指令性职能，并将其转变为学生社会活动和社团活动的指导和顾问机构。

这些机构的主要工作是搜集分析思想教育的有关信息，研究设计可供选择的教育方案和资料，以有效组织和指导各类教育活动，这种变化不是减弱而是强化了"两课"教学机构和人员职能，是适应网络信息时代要求的明智选择。网络时代，应当改变过去单一的集中教育模式，实行宜统则统、宜分则分、统分结合、形式多样的"两课"教育机制。例如，中国科技大学在 2006 年创办了网上党校，把信息网络技术与党建工作实际进行有机结合，目前已有 3000 多名入党积极分子通过网上党校的培训和考试系统，取得了结业证书。截至 2006 年年底，中国科技大学学生党员人数已达到 3519 名，占学生总数的 23.5%。

（二）加强"两课"教学的网络载体建设

载体是"两课"教学工作的基础，高校"两课"教学工作能否落实，很大程度上取决于是否建立了与"两课"教学工作相适应的载体。载体建设对于"两课"教学工作的重要性就在于把一定的思想观念物质化为直接现实，对教育者进行广泛的、自发的、偶然的、潜移默化的陶冶，从而实现"两课"教学的目标。"两课"教学工作的载体按类型可以粗略地分为工具类（如书籍、广电设施、互联网等）、设施类（如影剧院、博物馆纪念馆等）、活动类（如各种群众性精神文明创建活动、校园文化活动等）。

加强网络"两课"教育载体建设，要注意抓好以下三个方面。

（1）加强"两课"教育网络基本设施建设。"两课"教育校园网的建设要着眼于未来发展、立足长远。主要设施和基本布线要一次性到位，并尽可能多地预留平滑接口，与域外网（如全国其他思想教育网）有效对接，本着适时方便的原则，网络终端要尽可能普及校园内的各个角落，学校"两课"教育主管部门和"两课"的教育工作者，如党群机关、社科部、政治理论教研室、党群班干部和政治理论教员要在网上建立具有各自特色的主页，当好网上"两课"教育的主人翁。

（2）加强网上"两课"教育信息资源建设，建立政治理论信息资料库，让马克思主义理论进入网络，并占领网络思想理论的主要阵地。建设一批富有各校特色的"两课"教育网站，如政治理论学习网站、校园 BBS 和各种专门的聊天室、心理咨询室等。

（3）加强网上"两课"教育制度建设。建立完善网上信息传播监控机制，严格实行两网制，在校外网（因特网）和校园网（思想文化信息网、校园网）之间实行"物理隔离"，避免"直通车"，以堵塞不良信息向学校传输的通道。

二、以课堂教学为平台，加强大学生思想政治教育

高校的主要职责是培养人才，课堂是教师向学生传道、授业、解惑的主要场所，是师生沟通和交流最重要的所在。因此，加强和改进大学生思想政治教育，必须牢固抓住教书育人这条主线，立足课堂教学，建设好这个主渠道，充分发挥各类课程的育人合力，形成以思想政治理论课和哲学社会科学课为基础，各专业课程相互配合、共同起作用的全方位思想政治教育体系。

（一）优化课堂教学内容，增加现实性和针对性

教学内容是否深刻丰富，是否能够反映时代的变化、特点和要求，是否能够释疑解惑，对教育效果的影响是至关重要的，并直接影响着理论说服力和可信度。需要明确的是，如果没有理论的深刻性，就没有理论的说服力、震撼力和思想穿透力。马克思在《黑格尔法哲学批判导言》中指出："理论只要说服人，就能掌握群众；而理论只要彻底，就能说服人。所谓彻底，就是抓住事物的本质。"[1] 如果仅仅限于一般的经验之谈和照本宣科，内容缺乏深刻性，那肯定会被学生认为是毫无意义的重复。如果教学内容缺乏针对性和现实性，理论的可信度自然就会降低，教学也就缺乏吸引力。因此，优化教学内容是思想

---

[1]　马克思，恩格斯．马克思恩格斯全集［M］．北京：人民出版社，1995.

政治理论课内容创新的核心。

1. 贴近学生，让思想政治理论课深入人心

增强思想政治理论课的吸引力和说服力，关键是贴近学生，从学生的实际出发，从学生关心的社会热点问题出发，激发学生的创造力和想象力。在教师与学生的互动中进行渗透式的思想政治教育。像中国科技大学的刘仲林老师，他在每节课的开始都有一个"创造5分钟"的开场白。所谓"创造5分钟"，就是让学生在每节课开始的前五分钟就社会热点问题和自己关心的问题进行阐述和辩论。一次简短的"圆明园防渗工程利弊辩"就曾经引发了200多名学生的现场大讨论。"创造5分钟"成了展现学生创造力的舞台。

这种用启发式、引导式、互动式的教学模式，取代传统灌输式、单向式的授课方式，既贴近了大学生的思想特点和思维习惯，也使教学相长、引人入胜的场面成为思想政治理论课的常态。

2. 转变思想政治理论课教学的侧重点，使其与教学衔接起来

中学思想政治课教学的侧重点放在介绍和传授知识上，着重解决"是什么"的问题。高校的思想政治理论课教学的侧重点应放在深化学生理解问题和解决问题的能力上，重点解决"为什么"的问题，回答和帮助学生解决思想上的疑难点，消除学生理论上的困惑。同时，积极引导大学生运用马克思主义的立场、观点、方法分析问题、解决问题，提高思想认识水平和科学思维能力。这就是在教学的方向上与中学衔接起来，在层次上不断递进，在理论深度上不断加大，增强了理论的说服力，促进教学内容内化于"心"，外化于"行"。

（二）建立一支专、兼职相结合的高素质的教师队伍

思想政治教育理论课教师队伍建设是确保思想政治教育理论课良性发展和创新的基础，忽视了这个基础性建设，思想政治理论课的发展与改革就会落空。

1. 以建立专兼职的教师队伍为基础

建立专兼职相结合的思想政治理论课师资队伍是高等学校教育工作的需要。社会主义大学共同担负着培养"四有"人才的任务。从某种程度上来说，

凡是以马克思主义为指导的人文社会科学都应当具有培养学生马克思主义理论素养的功能，都应当不同程度地承担这方面的教育任务。现代课程呈综合性发展，这又使得很多课程都具有德育功能，也同样应不同程度地承担德育的任务，也就是说，高等学校各门课程都具有育人的功能，所有教师都负有育人的职责。

加强这支队伍的建设，首先，要实行严格的准入制度，提高思想政治理论课教师的学历起点。思想政治理论课教师在原则上应该是该学科相关学科硕士及以上学历的毕业生，且是教师资格证的持有者，才能上岗，从事教学工作。要逐步实现一般高校思想政治理论教师硕士化，重点院校的思想政治理论课教师博士化。与此同时，应选留相关专业的优秀博士生，特别是那些思想政治素质较高者，充实思想政治理论课教师的队伍。

其次，实行考核淘汰制度，形成与准入制度相匹配的准出制度。以中国科技大学为例，该校每年在毕业生离校前，都会围绕各学科的教学特点在毕业生中进行调查，凡是思想素质差、教学水平不过关、学生评价过低者，要坚决分流出去，将其调离教师岗位。

最后，为了给教师"上好课"创造一种宽松的环境，要制定相应的评价机制。要让思想政治理论课教师专心致志地把教学工作搞好，就不能完全实行同专业课教师相同的量化评价方式。单纯用论文、课题、专著的多少作为思想政治理论课教师评奖、评优、晋级、晋职的依据，不能体现和反映思想政治理论课教学的特点，只会引导教师将关注点从教学中游移开去，最终影响教育效果。

因此，对思想政治理论课教师的要求要适度，不宜给太多的心理压力，不能要求他们既要在教学上承担很多任务，又要在学术成果的产出方面同教学任务轻的专业课教师等同。建立能够反映思想政治理论课教学特点的评价机制，是十分重要的。

2. 提高教师思想政治素质和业务素质是重点

知识、能力和思想道德是构成教师素质的"三要素"。实践证明，一支思想好、道德高、作风好、业务精的教师队伍，能取得好的教育效果。因此，建设一支高素质、高水平的教师队伍具有重要意义。

如何提高思想政治理论课教师队伍的素质？首先，要提高他们的思想政治教育素质，提高其教书育人的自觉性。从一定意义上说，思想政治理论课教师的思想政治素质直接关系到"两课"的可信度。因此，思想政治理论课教师要确立科学的世界观和方法论，敢于坚持、捍卫和发展真理。其次，要提高思想政治理论课教师专业水平和能力，促进教学与科研相结合。思想政治理论课教师要尽可能地掌握广博的社会科学知识和必要的自然科学知识，增强教学能力。要建立思想政治理论课教师进行科学研究和社会调研的保障机制，并为其设立相关的科研基金或划出一定的项目金额，组织社会调研，提供较多的学术交流及出国考察的机会，以开阔眼界，提高综合素质。再次，要培养和造就一支高素质的老中青相结合的学术骨干队伍和知名专家学者，借助他们的科研能力提升教学水平，使他们在大学生思想政治教育中发挥更大的作用。

在这一方面，中国科技大学为我们提供了一个良好的榜样。从 2004 年开始，中国科技大学化学与材料科学学院率先在全院范围内选聘具有较强敬业精神和丰富教学经验的老师担任本科生导师，并按学生学习成绩的高低分布，将学生统筹安排到不同导师的名下。每位导师指导 10 名左右不同年级的学生，通过单独约见、电话联系及电子邮件等方式与学生保持联系，进行个性化指导。同时，中国科技大学还聘请中国科学院院士担任本科生的导师，和本科生进行面对面的交流，无论对于学生还是学校来说，这本身就是一笔无形的财富。这也在一定程度上弥补了传统思想政治课在因材施教方面的局限性，真正让大学生思想政治教育无死角。

三、以加强校园文化建设为平台，加强大学生思想政治教育

文化的发展和繁荣是和谐社会的一个重要特征，对于促进和谐社会的形成具有不可替代的作用。这就启发我们加强校园先进文化建设，发挥校园文化的育人功能。从校园文化概念本身来看，它属于文化建设的一部分，但校园文化不是脱离大学生生活的，而是大学生学习、工作和生活和谐相融的重要组成部

分。这一特点，就决定了它是促进大学生全面和谐发展的一个重要载体。这个载体，由于文化本身的特性，蕴藏着潜移默化、点滴渗透的重要育人功能。近年来，积极、健康、向上的校园文化已经成为高校的一道绚丽的校园风景线，但是各学校校园文化建设仍缺乏和谐性。建设和谐的校园文化，应成为创新大学生思想政治教育的一个重要努力方向。

（一）以校园环境为载体，加强校园物质文化建设

校园物质文化建设包括学校的教育、活动、生活设施及校园环境的美化等。校园环境应典雅卫生，舒适宜人，要从美的角度配置校园物质文化景观，校园的设施、布局应体现"以人为本"的理念，突出其育人功能。首先，对于具有较高知识含量和艺术水准的教学楼、图书馆、实验楼等校园建筑，应突出建筑景观的个性美、结构美，表达意境的抽象美。其次，学校要重视校园的合理布局、建筑物的装饰，寝室、教室环境的美化等文化景观的建设，并且通过自然山水、花草树木、名人塑像、橱窗、宣传栏、名人画像、名言警句等，让学生耳濡目染，陶冶情操。再次，校门、旗台、雕塑等建筑，其造型应新颖独特、醒目迷人，突出高品位的工艺美、曲线美。在优美的校园环境里，大学生们将获得美的感受，起到陶冶情操，启迪思想，规范行为的作用，激励其积极上进。

（二）以校训为核心，加强校园精神文化建设

一般而言，校训体现着一种追求，而这种追求与人类、国家、民族及社会的发展方向是一致的，因而，以校训为灵魂与核心的校园精神对大学生的思想政治教育有着重大的作用。首先，要对大学生特别是大学的新生进行校训的教育，这包括对新生进行校情校史的教育，组织新生参观校史展览，学唱校歌，对学生进行爱校、爱国的教育。其次，与时俱进地围绕校训的核心价值观念组建价值观念群落，并将其渗透于校风、教风、学风的建设之中，让学生沐浴在校园精神的阳光之下。再次，结合高校自身的性质与特点，以点促面全面提高学生的思想政治素质。例如，清华大学的"自强不息、厚德载物"的校训，这是每一位清华学子步入校门后都会见到的，认识到的，感悟到的强大的清华精神，它是清华学子求学、做人、处世的基本原则，引导和激励着他们的一

生。北京师范大学的"学为人师，行为世范"的校训，是对未来人民教师的基本道德的要求。还有中国海洋大学的"海纳百川，取则行远"的校训等，它们就像一张张文化名片，张扬出学校鲜明的个性和特色，对学生具有很强的教育意义。

（三）以社团为支撑，让学生参与校园文化建设

社团是高校第二课堂不可缺少的组成部分，是校园文化的有效载体，也是素质教育拓展的重要舞台。社团这一由学生自发组织并自主开展的活动，是立足于共同追求和共同兴趣爱好的新型学生团体，正在成为校园文化中越来越靓丽的风景线。大学生说"社团是梦想开始的地方"。学生社团是具有共同追求者的精神乐园，她从原来自己创造、自己管理发展到有组织、有纪律、有生气的一个团体，并且正以她独特的魅力吸引着越来越多的同学加入其中、参与其中，使之成为自我展示的舞台。在团委等有关部门的关心和支持下，学生社团应当成为校园文化建设的主力军。

要建设体现社会主义特点、时代特征和学校特色的校园文化，形成优良的校风、教风和学风。在新形势下，校园文化在对大学生进行思想政治教育方面，显示出越来越重要的作用。良好的校园文化是一种重要的教育力量，它以某种特有的潜在作用影响着大学生的思想品德和心理素质，是高等学校渗透思想政治教育的一条重要途径。

四、以社会实践为平台，加强大学生思想政治

实践教育法是一种让青年大学生在亲身体验和亲自做事的过程中获得正确认识、深刻体验和正确行为习惯的方法。俗话说："纸上得来终觉浅，绝知此事要躬行。"但是，目前由于多种因素的影响，高等教育只重视书本知识的传授，而忽视了社会实践的教育，以致教育与实践严重脱节。社会实践对于促进大学生了解社会、了解国情，增长才干、奉献社会，锻炼毅力、培养品格，增强社会责任感具有不可替代的作用。

（一）以学术研究为基础，开展大学生的社会实践教育

当代大学生的学术实践是指在专业知识的指导下，有计划地组织大学生参

与社会活动或是由大学生自发在社会中运用专业知识了解、认识并服务于社会的一切操作性的活动与行动，旨在培养和锻炼大学生的综合能力，提高其综合素质，增强其社会责任感。

以"挑战杯"竞赛为例。"挑战杯"以"崇尚科学，追求真知，勤奋学习，锐意创新，迎接挑战"为宗旨，是由团中央、中国科协、全国学联主办，在教育部支持下组织开展的一项具有导向性、示范性和群众性的全国性竞赛活动。目前，"挑战杯"旗帜下有两项重要赛事，分别是"课外学术科技作品竞赛"和"创业设计大赛"，为不同的大学生学术作品提供展示的舞台。❶ 毫无疑问，"挑战杯"是大学生实践活动的一面标志性的旗帜，但是这些实践赛事不应成为学生动手实践的终极目标，更多时候它们应是一种去实践的动力，其所要营造的是一种独立地、完整地去做一件事情并学到一些知识的氛围。参与这些实践赛事对学生的影响力远远超过赛期，这种自主的实践知识对以后参加工作和做其他任何事情都有莫大帮助。

（二）以社会活动为基础开展大学生的社会实践教育

社会活动教育强调学生的主体性和参与性。它的特别之处就是融思想性、科学性和趣味性、娱乐性为一体，对于现在的大学生来说具有很强的吸引力和针对性。开展丰富多彩的大学生社会活动，提高思想政治教育工作的趣味性和参与性，吸引大学生的广泛参与，对于开展大学生思想政治教育工作具有十分重要的意义。例如，深圳移动公司组织四所高校的学子开始"寻梦之旅"暑期社会实践，用手机短信开展中华道德名言传播大赛活动，参与活动的大学生将利用手机短信的方式，向亲友传播中国历史上的道德名言警句，通过这些健康向上的短信内容，在青年学生中倡导积极向上的生活态度；天津400名大学生参加了所在辖区举行的纪念长征胜利70周年纪念会，参加活动的学生们，纷纷用手机编制短信，发送到活动现场的大屏幕中；等等。这些丰富多彩的活动，寓思想政治教育于活动开展之中，使大学生在参与活动的同时，受到了思想的洗礼，提高了自身的思想道德素质，达到了思想政治工作的目标。

---

❶ 唐立华，张仲枫．大学生"挑战杯"科研活动中存在的问题和对策［J］．广西青年干部学报，2004，2（14）：2．

（三）重视三区联动的实践方式

所谓三区，是指大学校区、在学校周围建立的科技园区和以学校为中心建立的公共社区。在"三区联动"中，大学校区承担知识创新、人才培养的职能，为区域经济、社会发展提供人才贡献和智力支持，科技园区承担技术创新和产品生产的职能，成为产学研相结合的重要场所、大学师生创新创业的基地和区域经济发展的增长点，公共社区承担为大学校区、科技园区提供公共服务的职能，来为大学生创造一个适宜居住、交流、休闲的生态、社会环境。"三区联动"模式主要以大学校区为核心，以科技产业园区为基地，以城市公共服务为依托，以资源的聚集、共享、融合、转换为特征，以促进教育发展和科技创新为宗旨，推动高校与城区经济、社会的和谐发展。例如，上海吴径镇经济开发区与上海交通大学、华东师范大学签订共建协议，使大学里的优秀学生可以到村里传授知识，进行定点的理论辅导，而村里优秀的党员也可以到学校进行学习。

校区、厂区的宣传思想政治工作者和文艺积极分子纷纷参与农村和居委会的创建工作，起到了很好的人才资源共享的作用。华东师范大学、交通大学的师生和吴径化工厂等单位的宣传思想政治工作者和文艺人才，在农村、居委会的基层创建活动中，宣传社会主义荣辱观和开展文艺活动，积极参加志愿者活动，成为吴径创建活动的一大亮点。这既有利于高校思想政治教育工作的开展，又可以提高大学生学习的热情。

第二节　大学生思想政治教育载体的创新

载体创新，就是要充分利用、创设和构建积极有效的思想政治教育新载体，以增强大学生思想政治教育工作的时效性和吸引力。有效开发和整合现有思想政治教育中的文化载体、活动载体、管理载体和传媒载体等载体资源，形成大学生思想政治教育的合力。

一、文化载体创新

思想政治教育的文化载体，指的就是能够有效承载社会文化的一切事物。它将思想政治教育的内容置于当代先进文化建设之中，通过增长知识与提高素质的发展途径来稳步提高人们的思想认识和觉悟水平。我国高校的思想政治教育蕴含着极为丰富的文化资源，更是肩负着神圣的文化使命。我们知道，文化是大学生思想政治教育的非常必要和最为重要的发展载体。

加强和改进大学生思想政治教育，有力推动大学生思想政治教育的科学发展，一方面，要充分地利用校外文化事业载体的一切丰富资源，创造性地运用各种大学生都比较喜闻乐见，而且处处精彩纷呈的大众文化艺术形式来真正实现寓教于乐、寓教于文，并且要能使大学生在这样的文化活动中不断增长见识，逐步提高素养，陶冶其情操、净化其心灵。我们应该更为广泛地遍邀社会知名人士、前沿学科的专家学者、多元文化演出团体等给高校大学生作讲座，做报告，进行文艺表演，使广大高校大学生受到艺术的熏陶和文化的教育。同时，我们要在文化熏陶中优先体现高雅的艺术和高尚的道德，通过科学合理地选择和融合各式各样的文化艺术表现形式，使其充分发挥出知识性、趣味性、教育性、娱乐性等，并尽量使其比较完美地结合起来，不断满足当代大学生对真善美的强烈追求。我们还要引导高校大学生自觉地参与社区文化、企业文化乃至军营文化等其他文化的创建活动，引申其发展的路径，使大学生能够不断增强文化的使命感、自豪感和自信心。除此之外，我们还要广泛组织大学生到传统的历史文化遗址、军事革命博物馆、艺术展览馆或者文化展览馆等参观学习，使每个大学生在深入、系统地了解祖国传统文化和老一辈军事革命文化的同时，能够最大限度地接受爱国主义教育。

另一方面，我们当然要努力构建极具特色的和谐校园文化，为大学生创造最为良好的育人环境和学习、生活环境。要建设体现社会主义特点、时代特征和学校特色的校园文化。通过记校训、唱校歌、戴校徽等具体活动，努力培养和逐步形成崇尚科学、严谨求实的优良校风及奋发向上、诚实守信的优良学风，并且要使大学生牢固树立"校兴我荣、校衰我耻"的爱校敬校意识，要下大力气建设高雅的校园人文景观，使优美的校园景观成为激发和陶冶大学生美好情操的驱动力。通过广泛开展积极向上、丰富多彩的教育、学术、科技、艺术、体育和娱乐活动，将德育、智育、体育、美育有机地结合起来。在大学和谐而又健康的校园美好文化环境中，有效促进大学生综合素质的显著增强。❶

二、活动载体创新

活动载体指的是思想政治教育工作者通过有意识地开展各种各样的具体活动，将思想政治教育的传输信息寓于每次活动之中，使大学生在享受活动的过程中受到思想政治教育，并稳步提高他们的思想政治素质和道德素质。党的思想政治教育的一个优良传统就是要把活动作为思想政治教育的重要载体，这也成为当前我国思想政治教育的内在要求。活动载体的形式多种多样，在高校，主要有社会实践活动、党组织活动、团组织活动、文艺体育活动、社团活动、学习竞赛活动及大学校园精神文明创建活动等。学生党团组织活动具有鲜明的政治性、规范性、教育性，是引导大学生进行自我教育的途径。通过组织马克思主义研究会、党的基本知识学习小组、党课团课教育、时事政策讲座、参观访问、社会调查、社会公益劳动、知识竞赛，以及丰富多彩的文艺、体育活动等形式对大学生进行日常的思想政治教育。学生社团活动是高校校园文化的重要载体，是第二课堂的重要组成部分，是开展学生思想政治工作的重要渠道。

当前，要把大学生思想政治教育融入对大学生社团的指导和教育之中，使其成为新时期加强大学生思想政治教育的有效方式，以加强指导社团活动为重要抓手，通过组织青年学生广泛开展扶危济困、环境保护、法律援助、助残助老、支农支教等多种形式的志愿者活动，使广大学生在活动中开阔视野，陶冶情操；鼓励和引导大学生积极参与和谐社区、和谐校园、和谐社会的创建活动；指导大学生自主开展主题鲜明、内容充实、形式活泼的社团文化活动，服务社会、奉献爱心、锻炼自我，提高素质。另外，高校要积极探索建立科学的管理体制，并使其能够与高校大学生日益增长的社会实践活动需求相互适应，

---

❶ 万娟. 基于创新发展的高校思想政治教育研究［M］. 长春：吉林大学出版社，2022.

相互协调。而且，我们还应把社会实践活动纳入学校的教学计划中，规定学时、学分，规定义务和责任，使高校努力形成由党委领导、行政大力支持、其他部门协调合作、广大师生积极参与的运行模式。

另外，高校还应该广泛建立多种形式的实践活动保障机制，积极利用各种社会资源，提供必要的经费支持，为大学生能够参与丰富的社会实践活动而不断创造更为有利的发展条件。高校还应该积极引导大学生走向基层，走进社会，深入西部贫困地区和边远山区、革命老区，通过开展丰富多彩、新颖别致的社会实践活动来帮助广大大学生认识国情、民情，增强大学生的责任意识和道德意识，使大学生在活动中增进与广大人民群众的血肉感情，自觉自愿地把实现个人的人生价值全面融入全面建成小康社会的建设当中，着力推进大学生思想政治教育工作的创新发展。

三、管理载体创新

管理载体，指的是通过将思想政治教育内容置于高校的管理活动之中，并与高校的管理手段有效配合，从而达到不断提高大学生的思想政治素质和道德素质的目的，并以此来逐步规范大学生的行为，充分调动广大大学生的生产、工作和学习积极性。思想政治教育要想实现以管理为载体的目标，就必然要将思想政治教育与管理有机地结合起来，真正做到思想政治教育之中有管理，管理之中有思想政治教育。

思想政治教育者应该积极支持各级管理人员大胆管理，并主动参与管理过程，包括参与制定、宣传、督促执行规章制度，协调各种关系，努力促进管理水平的提高。我们要更为广泛地充分运用大学生思想政治教育的管理载体，将大学生思想政治教育置于高校的各项管理工作之中，理顺大学生的思想情绪，使高校的管理普遍得到管理对象，即大学生的理解与支持。

同时，大学生思想政治教育应该以管理作为重要的手段，确保思想政治教育目的和管理目标的双重实现，更为有效地切实解决大学生思想政治教育工程中的思想政治教育和管理工作"两张皮"的现象，努力使大学生思想政治教育从"虚"处落到"实"处。以管理为载体充分实施大学生思想政治教育，就要求我们通过建立、健全和规范各项规章制度来协调引导、约束规范当前我国高校之中大学生的思想和行为，并通过此项工作来促使大学生逐步养成良好的行为习惯。在高校的日常生活管理之中，着力培养大学生的集体精神，帮助大学生切实解决他们在生活中遇到的各种困难和问题。在高校日常的教学管理之中，通过对大学生进行专业思想、学习目的和学习态度的专业系统教育，努力引导大学生牢固树立勤奋刻苦、努力上进的拼搏精神。❶

四、传媒载体创新

传媒载体指的是大众传媒向广大受众大力传播思想政治教育的内容，使人们在接受广泛信息的同时，接受思想政治教育。这些载体具体包括：报纸、杂志、书籍等印刷类载体；广播载体；电影、电视载体；网络载体。在当代中国的社会文化结构中，由大众传媒生产和传播的大众文化逐渐构成了一股强大的文化力量，并影响着受众的思想观念和行为方式。

在信息开放的现代环境中，青年大学生在对信息的接受心理方面具有渴求度高，对新颖、快捷信息异常敏感等特点，不仅最愿意接受大众传媒的影响，而且也最依赖大众传媒的作用。现代大众传媒通过对大学生学习、生活和成长的全方位渗透，已成为大学生成长和成才的最重要的影响因素之一。在中国的教育改革和开放过程中，现代大众传媒及时介入学校，在为高校的教学提供现代化设备和手段的同时，也传递着更多市场文化的价值观念和生活方式，使得学校德育的影响在降低，而大众媒介对大学生思想政治品德的形成和发展的影响却在提升。

一方面，大众媒介能为大学生提供便利获取政治信息，提高大学生的政治认知能力和价值判断、选择能力，从而加速大学生政治观的形成和政治素质的提高。

另一方面，大众媒介的成长和壮大又会导致政治信息的泛滥和失真现象的发生，容易成为一些境外反华势力对大学生进行意识形态渗透的工具。大众媒介丰富了大学生的业余文化生活，但大众媒介所负载的大众文化自身的消费主

---

❶ 徐俊．高校大学生思想政治教育认同研究［M］．武汉：华中科学技术大学出版社，2022.

义、功利主义和庸俗化等特质又容易导致大学生的价值取向发生偏离和混乱等。

在当前的信息时代，各大国之间的斗争已经从原来的武力较量转变为各国信息和文化的激烈交锋。因此，我们必须高度重视和充分运用传媒载体，尤其是网络载体，逐步扩大思想政治教育的覆盖面，提高思想政治教育的实效性，增强思想政治教育的影响力。在网络世界的战斗里要积极发展，加强管理，趋利避害，为我所用。坚持用科学的理论、正确的舆论、高尚的精神、优秀的作品来有效构筑网络思想政治教育的前沿阵地。努力培养，逐步建立一支高水平、高素质的网络思想政治教育工作队伍，不断提高高校各级政工人员的网络信息技术水平，加强党对网上思想政治教育的绝对领导，高度重视传媒载体的教育价值，充分发挥其在舆论宣传和思想教育方面的有利作用。

第三节　大学生思想政治教育价值的创新

一、个人价值的创新

（一）进行大学生思想政治教育要肯定学生的个人价值

进行大学生思想政治教育要肯定学生的个人价值，意味着思想政治教育要坚持正确的政治方向，同时要积极主动地理解当代大学生的心理、生理和社会发展情况，理解大学生的文化，把大学生作为一个独特的群体或个体，信任、接受和尊重大学生的特点，有利于大学生在安全、温暖、宽松的环境中，探讨自我，剖析自我，并肯定自己的主体性和实现人生价值的信心。

（二）进行大学生思想政治教育要信任学生的个人价值

真诚信任指的是教育工作者保持一种真挚、诚实的态度，表里如一，开放自信，信任对方，不必戴假面具，不以势压人，不装腔作势，要以真实的感情、真实的想法、真实的言行开展工作，真情流露，以情感人，以理服人，达到双方的良性互动。真诚也并不等于信口开河，没有节制。

（三）大学生思想政治教育要求维护学生的个人价值

大学生思想政治教育在保持基本原则和指导思想的前提下，要充分尊重学生的主体能动性，在具体的内容、方法、时间、方式上尊重学生的自我选择权，防止替学生做决定、大包大揽、全权代理的行为。同时，维护学生的自决权并不等于袖手旁观、不闻不问，而是要满怀信心，关注希望，及时反馈，积极鼓励。

二、管理价值的创新

（一）管理价值的分类

高校思想政治教育是一项处理人与人、人与社会之间关系的，解决人的思想问题和政治问题的具体实践活动。这种实践活动具有重要的管理价值。根据价值主体的社会层次划分原则，思想政治教育的管理价值表现为社会管理价值、集体管理价值和个人管理价值。在高校管理中，能否调动管理对象的积极性、主动性，对管理的成败至关重要。集体管理价值，还深刻影响着思想政治教育的个体管理价值。因此，思想政治教育的集体管理价值理应成为思想政治教育价值层次中不可或缺的重要方面。❶

（二）管理价值的特点

思想政治教育的管理价值具有教育手段结合管理手段、潜在价值伴生现实价值、管理艺术渗透管理科学三个特点。正确地把握思想政治教育在管理活动中发挥其价值的特点，对于在管理实践中更好地实现其价值具有重要意义。要增强思想政治教育管理价值实现的主动性和创造性，要对思想政治教育管理功能有一个科学和深入的认识。而要确立这种科学和深入的认识，又必须注意克服和纠正对思想政治教育与管理关系的几种片面认识。

（三）管理价值创新的实现

通过对管理价值的分类及特点的分析，就能正确把握现代管理以人为核心

---

❶ 刘淋淋，刘名学，段华琼. 大学生思想政治教育实践与创新［M］. 延吉：延边大学出版社，2022.

的深刻内涵。要把人真正置于管理活动的核心，立足于人的主体性和能动性，通过对人的工作，达到对事、对物的管理，实现社会和组织目标。以人为核心，进一步要求对人的管理的出发点和落脚点要从以人为手段转换到以人为目的上来，真正着眼于经济社会和人的全面发展；以人为核心，还意味着管理不仅仅是消极地控制、约束人，而且要更加注重培育人、开发人；以人为核心，要坚决改变管理简单化、表面化和低层次的倾向，充分实现思想政治教育的管理价值。作为现代管理的重要组成部分，思想政治教育以其作为实现人本管理的基本手段、方式，具有独特的管理价值，处于重要地位。由此，必须用整体观念、动态观念、开放观念和层次观念来把握和提升思想政治教育具体管理功能。

三、社会价值的创新

和谐社会理念要求重视大学生的价值观建设。价值信仰是物质利益在意识形态领域里的反映，共同的价值信仰是共同的物质利益的反映。另一方面，在价值信仰一旦形成之后，就会成为强大的精神力量，对社会团结、社会和谐产生巨大的能动作用。历史经验表明，无论在任何时候，共同的价值信仰都是全社会共同的精神支柱，为社会的发展指示前进的正确方向，提供源源不断的精神激励和脑力支撑。社会主义和谐社会是一个有着共同价值信仰和道德行为规范的社会。在这样一个基于民主法治、公平正义、诚实信用而构建起来的社会里，共同的价值观尤其具有重要的作用，它将成为社会主义和谐社会得以不断发展的道德基础。价值观建设在大学思想政治教育中历来占有重要的位置。

以马克思主义为指导，以树立祖国的观念、人民的观念、社会主义的观念、集体的观念为核心，以强调爱国主义、集体主义和为人民服务为重点，以提倡为国家的建设、为民族的复兴、为中国特色社会主义事业奋斗和献身为目标的价值观教育，在培养合格的社会主义建设人才方面发挥了重要的作用。在构建和谐社会的今天，应当加倍重视大学生的价值观建设，营造有利的环境，以具有凝聚力的社会主义文化中的核心价值来引导大学生的发展，帮助他们塑造蕴含着社会共同价值观念的品质，在培养大学生的劳动能力的同时，注重其社会能力的提高，促进大学生的全面发展。

和谐社会理念强调价值观建设与创新精神培养的统一。和谐社会是全体人民各尽其能、各得其所而又和谐相处的社会。这是一个既充满活力、又富有秩序的社会。在和谐社会这一理念下，我们要达到的，是社会发展与社会稳定的统一；我们要探索的，是一种动力与平衡相协调的机制。构建和谐社会要求我们在大学思想政治教育中，既要重视学生价值观的建设和道德规范的树立，又要强调学生创新精神的培养，要做到两者的完美统一。

一方面，大学生应该是合格的社会主义的建设者，他们应该有足够的专业知识和技能，有正确的社会主义劳动观，有强烈的创新求变精神；另一方面，他们又是合格的公民，有正确的社会公平观，具有强烈的社会责任意识，为国家建设服务、为人民服务是他们坚定的选择。这样他们才能在自己的职业发展过程中摆正国家、集体和个人利益的关系，真正成为国家的栋梁。也只有这样，和谐社会的构建和发展才能有源源不断的人才支持。

四、大学生思想政治教育价值创新的意义

（一）有利于发展先进文化

高校思想政治教育与文化的价值取向大体是一致的。我们的目的是要全面建成小康社会，要使文化成为推进中国特色社会主义事业的精神力量，使其更深地熔铸在民族的生命力、创造力和凝聚力之中，更好地发挥先进文化在中国特色社会主义文化的引领和整合作用。引领就是要坚持先进文化的前进方向；整合就是要大力发展先进文化，支持健康有效的文化，改造落后的文化，坚决抵制腐朽的文化，不断增强中国特色社会主义文化的吸引力和感召力，这就是思想政治教育发挥先进文化力量的价值选择。在构建和谐社会新的历史条件下，我们的先进文化建设的任务更加艰巨和迫切。坚持改革是中国正视自身，而向世界的新阶段开始的标志，对外开放，则是中华民族积极参与世界文化发展进程的里程碑。

在这种背景下，要赋予中华民族文化时代的生命力，必须主动融入先进文化发展的行列，因而从学校教育到社会日常生活，从民族文化的振兴到外来文

化的借鉴，各行各业都需要对文化和文化力量问题有一个深刻的认识。如何在新时期保持中华文化的多样性和先进性的统一，不仅是思想政治教育工作者面临的课题，也是我们要承担的责任。❶ 建设社会主义和谐社会，离不开大力发展社会主义先进文化。发展面向现代化的、面向世界的、面向未来的，民族的、科学的、大众的社会主义文化，是构建社会主义和谐社会思想文化基础的必然选择。对于人类社会的发展是非常重要的。大力发展文化，充分发挥文化的作用和功能，是人类文明、和谐与进步、社会经济持续发展的重要条件。发展社会主义先进文化，是实现人的全面发展的需要。

（二）有利于培育合格人才

培养人才、科学研究和社会服务是高校的社会功能。高校通过人才培养，为先进文化建设提供智力支持和人才保障，通过开展科学研究、创新知识，为先进文化建设的前进方向服务，通过社会服务，推动引领先进文化的发展。通过培养一批高素质的创新人才，促进教育与经济社会发展，为现代化建设提供人才支持和知识贡献。高校先进文化建设的目的，就是着力提高学生的思想道德素质、科学人文素质、身体心理素质、生活技能素质等综合素质，促进大学生全面发展。这是党和国家事业的需要，是人民利益的需要，是与社会主义高等教育目标相一致的。

现阶段，高校先进文化建设的目标就是配合全面建成小康社会的伟大实践，充分发挥高校文化宣传的主阵地、主渠道作用，面向经济建设主战场，把当代大学生培养成为信念坚定、品质优秀、人格健全、身体健康的社会主义现代化建设者和接班人。"以人为本"的教育理念、教育制度、教育措施和教师都是为学生服务的，注重的是人本身的全面发展，"以人为本"的教育理念符合知识经济时代对人才的需要，也高度体现了教育的人文精神，是构建和谐社会的背景下高校思想政治教育创新的目的和需要。❷

（三）有利于更好地构建和谐校园

高校思想政治教育个人价值、社会价值和管理价值的创新是构建和谐校园

---

❶ 崔晓雁，王雪鹏. 论高校先进文化建设与大学生全面发展 ［J］. 求实，2006（1）：57-58.
❷ 陈小娃，贺明君. 论和谐校园在和谐社会建设中的重要意义 ［J］. 法制与社会，2006（9）：78-79.

的需要。构建和谐校园是落实以人为本的科学发展观的需要，是培养高素质人才的需要。构建和谐校园的主要任务是促进教育环境的和谐发展，首先体现在学校教育环境与社会教育环境的和谐发展上，实现个体与社会的和谐。其次体现在促进学校教育环境与家庭教育环境的和谐发展上，实现学生个性的全面和谐发展。和谐校园的构建最终还是要落实在学生身上，学生个性的全面和谐发展是构建和谐校园的一个重要标志。

（四）有利于更好地建设和谐社会

高校思想政治教育中的个人价值、社会价值和管理价值的创新是构建和谐社会的需要。建设社会主义和谐社会是一个系统工程。实现校园的和谐，也就是实现社会的一个子系统的和谐，无数个这样和谐的子系统的"积成"，就会为推进和谐社会的建设奠定坚实的社会基础。社会主义和谐社会是一个知识的社会、文明的社会，学校是为社会主义和谐社会培养高素质人才的基地，也是引领社会创新、为社会创新提供强大智力支持的前沿阵地，担负着为和谐社会源源不断地输送高质量人才的历史重任。和谐社会的建设必须以先进的文化作支撑。学校担负着培养人才、发展科学、引导社会前进的神圣使命。高校思想政治教育是构建社会主义和谐社会的重要组成部分。高校思想政治教育的主要内容与和谐社会的本质要求是完全一致的。加强和改进大学生的思想政治教育，促进大学生全面和谐发展是建设和谐社会的必然要求。和谐社会的构建离不开思想政治教育的激励功能。充满活力的社会，人类赖以生存的团结互助、扶贫济困的良好风尚和平等友爱、融洽和谐的人际环境更是离不开思想政治教育的育人功能。

和谐社会各个方面的利益容易出现发展不和谐的情况，这就要求我们在构建和谐社会的时代条件下更加重视大学生的思想政治教育工作，加强大学校园的文化建设，拓展新时期大学生思想政治教育的新途径，促进大学生的全面和谐发展。高校是大学生思想政治教育的主渠道、主课堂、主阵地，是社会主义先进文化的重要组成部分。加强校园文化建设对于加强和改进大学生思想政治教育、全面提高大学生综合素质、促进大学生的全面和谐发展具有十分重要的意义。高校要强化大学生思想政治教育的服务功能、育人功能和预警功能，激发创造性和化解矛盾、维护高校和社会稳定功能的和谐统一。只有这样，才能保证大学生思想政治教育的客观性和实效性，进而培养出自身和谐与社会主义社会建设相适应的合格的建设者和可靠的接班人，实现在构建和谐社会背景下的高校思想政治教育价值创新的目的。

第四节　大学生思想政治教育管理的创新

一、教育与管理一体化是高校思想政治教育的发展趋势

教育与管理是思想政治教育中的一对重要的范畴，它反映了现代思想政治教育中二者的本质联系及各自的重要地位，从一个侧面揭示了思想政治教育的原则和规律。二者犹如车之两轮、鸟之双翼，功能互补，缺一不可。管理是思想政治教育有效进行的制度保证，管理凭借的各种行为规范、规章制度，是社会发展进步对人们要求的制度化和规范化。"无规矩不成方圆"，所以，思想政治教育离不开管理。思想政治教育提高了人们的认识和觉悟，为执行各项规章制度奠定了思想基础，为完成各项任务提供了精神动力和方向保证。所以，管理也离不开教育。现代管理是通过对人的工作而实现对事、对物、对社会的管理；在现代管理中通过对严格执行各项规章制度，训练人们良好的遵纪守法、文明操作的行为习惯，本身就是绝好的养成教育。教育与管理，二者虽然性质、功能各异，但却紧密联系、相辅相成。

思想政治教育只有结合适当的、正确的管理措施才符合人们学习、工作和生活的要求，才能发挥作用。人们的思想观念的形成和变化离不开所处的客观环境和条件。国家和社会大环境会对人们的思想产生了巨大影响；人们生活、工作的小环境，单位的管理制度会对人们的思想产生直接的影响。这两种外部环境加在一起，共同制约着人们的思想行为。也就是说，思想政治教育不能离开日常生活、工作和管理的客观条件而孤立地进行。大学生思想政治教育也是

如此。新时期，加强大学生思想政治教育的一个重要发展趋势就是将教育与管理相结合，将思想教育与法律制度建设相结合，实行教育与管理的一体化，把思想政治教育融入科学有效的管理之中。

思想政治教育与管理的一体化，是指思想政治教育将科学管理作为自己最基本、最主要的载体，通过将其融合到管理的各个环节中，使经济管理及各项社会管理在较高层次上实现一体化。从社会的宏观上讲，思想政治教育与管理的一体化就是要实现思想政治教育手段与经济手段、法律手段、行政手段的有机结合。思想政治教育与管理的一体化遵循了人的思想与行为的内在统一规律，将有力地克服思想政治教育与业务工作"两张皮"的弊端，使现代思想政治教育走向科学化。

许多高校在创新大学生思想政治教育的实践中，寓教于乐、寓教于管、教管结合，也形成了很多融教育于管理，将教育与制度法规建设结合起来的新方法、新经验，如以学生寝室为单位开展思想政治教育、帮助学生创建自己的寝室文化、吸纳学生参与宿舍管理等。这些做法和经验表明，把思想政治教育与管理紧密结合，不仅有利于实现教育人与管理人的双重目标，能够加强对教育对象思想和行为的引导和规范，促进思想政治教育者教育和管理素质的全面提高，而且有利于拓展思想政治教育的实践渠道，推动思想政治教育的创新与发展。❶

二、建立统一领导、分工明确、责任到人的领导机制

加强和改善党的领导，最主要就是加强思想政治工作，要坚持"两手抓，两手都要硬"的方针，把思想政治工作的领导落到实处。高校思想政治教育领导体系的确立经过了一个十分艰难曲折的探索过程。在中华人民共和国成立初期，高等学校实行校长负责制，校长对学生思想政治教育智育体育全面负责。随着党的组织在高等学校公开化和学校党委的建立，高校党的建设和思想政治教育得到加强，学校思想政治教育仍然由校长负责。

党的十一届三中全会以后，高等学校逐步恢复了以前的管理体制，并按照

❶ 罗亚莉. 思想政治教育调查方法理论与实践［M］. 成都：四川大学出版社，2021.

实事求是的原则对思想政治教育领导体制进行过一些新的探索。1994 年，中央指出：不管学校实行何种领导体制，校长都要对学生的德智体全面发展负责；在党委（总支、支部）的统一部署下，学校都要建立和完善校长及行政系统为主实施的德育管理体制。❶ 这是对中华人民共和国成立以来学校思想政治教育领导体制建设经验的总结，为社会主义市场经济条件下学校思想政治教育领导体制的改革明确了方向。

党的十四大以后，我国改革开放和社会主义现代化建设事业进入了一个新的发展阶段，社会政治、经济、文化等领域都发生了巨大的变化，这对思想政治教育的领导管理提出了更高的要求，只有建立与社会主义市场经济相适应的领导体制，思想政治教育才能显示出旺盛的生命力。在市场经济条件下，高校要建立统一领导、分工明确、责任到人的思想政治教育领导机制，即由校党委统一领导，校党委和行政共同决策，校行政全面负责组织实施与管理大学生思想政治教育。这样一种领导机制，确立了党领导思想政治教育的重要地位，有利于加强党对思想政治教育的领导；强调了党政领导同心协力共担思想政治教育的重担，适应了社会主义市场经济条件下基层单位领导体制改革的新情况，有利于保证行政负责人履行思想政治教育责任，把思想政治教育与行政、业务有机地结合起来，使思想政治教育更好地服从和服务于"育人"这个首要任务。

具体来说，建立统一领导、分工明确、责任到人的领导机制，首先，要把大学生思想政治教育摆在学校各项工作的首位。大量的实践证明，把大学生思想政治教育放在什么位置上，与高校党政主要领导同志的认识和态度直接相关。长期以来，由于社会上存在淡化政治、淡化意识形态思潮的冲击和影响，对于高校的思想政治教育，一些高校的党政主要领导确实存在着"说起来重要，做起来次要，忙起来不要"的现象，这与建立有效的高校思想政治教育领导体制是格格不入的，应当加以改正。其次，高校党委要统一领导大学生思想政治教育工作并研究分析大学生的思想状况和思想政治工作的状况。在新的社会环境和条件下，当代大学生的思想到底发生了哪些变化，我们的思想政治

---

❶　中共中央关于进一步加强和改进学校德育工作的若干意见［N］. 人民日报，1994-9-9.

工作到底有多少实际效果，这些都是必须弄清楚的问题。一个高校的校长应该是马克思主义的教育家，是献身党的事业的专家。为了大学生的全面发展，校长要对大学生德智体美全面发展负责，把思想政治教育与教学、科研、社会服务结合起来。只有这样，学校的各项工作才能在校党委领导下形成一个统一的体系。各级行政部门是学校决策的执行单位，行政首长是各部门思想政治工作的第一负责人，要把思想政治工作同行政业务工作结合起来，全面落实校党委对思想政治工作的决策，认真组织与实施管理，在领导中育人、管理中育人、服务中育人，切实担负起大学生思想政治工作的责任。

三、建立家庭、学校、社会联动的全方位工作机制

家庭是人出生后的第一所学校，是个人成长的摇篮。家庭教育担负着传授文化知识、培养道德品质、指导行为规范、帮助营生自主等责任。思想政治教育的家庭环境，主要指家长的思想素质和行为规范对家庭成员尤其是对子女思想品德的形成、发展的影响。父母的世界观、人生观及他们待人接物的态度，往往给子女留下深刻的印象。家庭的长期影响、教育，从某种意义上说，将决定一个人的性格、品行。亲切和睦、充满爱心、奋发向上的家庭环境有利于青少年健康人格的培养。反之，则会给青少年成长造成障碍。

大量事实表明，青少年犯罪，最初往往源于有严重缺陷的家庭环境。大学生是一个特殊的群体，他们的家庭教育有其自身的独特性。从上大学的那天起，很多学生就离开父母，寄宿在学校，有的甚至离家很远，不再像中小学阶段那样与父母长期共同生活，衣食住行都依赖父母照料。父母不能随时了解子女的生活学习情况，甚至不知道子女真实的思想和心理状况，这种距离感给家庭教育带来了难度。另外，大学生已经不再有升学考试的压力和负担，思想上心理上也更加独立、成熟，他们能够更平等地与父母进行交流，也更能体会父母无微不至的关怀和爱护，产生对父母的认同和感激，这又增加了父母对子女教育的号召力和感染力。而且大学生在成长期，经济上大部分还是要靠父母供给，这种依赖关系又决定了父母对大学生子女的权威性。大学生思想政治教育要正确分析和认识大学生家庭教育的特殊性，最大限度地发挥其积极的作用，

减少和避免其消极因素的影响，加强父母与子女的沟通和交流，以父母的人格魅力，用健康向上的家庭环境，引导和教育大学生形成完整健全的人格。

学校是有目的、有计划、有组织地向受教育者传播社会规范、道德观、价值观及历代积累的知识、技能，使之符合一定社会需要的人才的场所。学校对学生思想品德的影响具有阶级性、全面性和渗透性的特点。学校除了向学生系统地传授科学知识，还要根据社会和阶级的需要对教育对象进行世界观、人生观方面的教育，帮助学生走向社会，懂得正确的自我成长道路和超越自我的标准。通过学校教育，受教育者一方面学习各种知识和技能，掌握谋生的基本本领；另一方面全面塑造自己的人格，为将来进入更广阔、更复杂的社会环境做好精神上和物质上的准备。

大学是通过传承、发展和创新具有真理性的知识，培养具有创造性、追求真理的人才的高等学府。蔡元培先生说："大学者，研究高深学问者也。"大学的职能是培养人才、发展科学和服务社会。其中，培养人才是大学最主要的职能。德国哲学家雅斯贝尔斯认为："大学是一种特殊的学校，学生在大学不仅要学习知识，而且要从教师的教学中学习研究事物的态度，培养影响其一生的科学思维方式。大学生要具备自我负责的观念，带着批判精神从事学习。"大学生进入高校开始新的生活以后，学校是他们主要的学习和生活场所，学校的教育教学是他们学习的主要内容，学校的教师、同学和教职员工是他们接触最多的人，大学生受到他们的影响也最直接。大学生思想政治教育应当充分体现对人的价值与意义的理解和尊崇，使置身于其间的每个人感受到充满内心的庄严感和被净化了的自我超越感，使大学真正成为探索真理和自由成长的最佳处所。

人的思想品德是社会存在的反映，是社会的产物。人们认识事物，一般都经过从感性认识到理性认识的过程，也就是说，在一定的社会环境中，通过看、听、想、做多次反复作用，经过自己的感觉器官和大脑，最后形成某种思想、品德、信念、行为和习惯。当社会良性运行，社会的各方面呈现有序状态、社会风气良好时，思想政治教育就容易为人们所接受；相反，当社会恶性运行、社会生活混乱、社会风气不好时，思想政治教育就不易为人们所接受。

由此可见，社会环境对大学生思想政治教育的开展同样具有重要的作用。

以往的大学生思想政治教育对家庭教育、学校教育和社会教育的作用也有一定的认识，但在具体的实施过程中却很难将三者结合起来，往往是顾此而失彼。学校教育一向是处于首位的，部分家长认为将孩子交给学校就万事大吉了，一旦孩子在学校出了问题，就找学校解决，但学校却认为自己只负责学生的教育和管理，至于日常生活中的问题或其他心理方面的问题，不是学校负责的范围，这样来看，学生在日常生活中的问题或其他心理方面的问题要么是家长疏于管理，要么是学生受到学校以外因素的不良影响，于是双方就此互相推诿、争执不下。这种情况在很多学校都曾发生过，原因就在于家庭和学校对双方的职责不明，事前没有协调好，事后又找不到管理监督的机构，没有合理客观的解决方法，以至于僵持不下。

因此，加强和改进大学生思想政治教育需要协调家庭、学校和社会三个方面的力量，建立起三方联动的机制。父母应利用家庭教育的特点，对子女采取正确的、民主的教育方式，选择正确的教育内容，在和睦温暖、积极进取的家庭氛围中进行教育，解答子女成长过程中的疑惑，引导他们的人生路程。不仅要关心他们的专业学习和身体健康，还要重视子女的思想道德修养和心理健康素质，教育子女学会做人，学会做事，促使其健康成长，全面发展。学校应以良好的教风、学风和体现时代特征的校园文化，陶冶学生的情操，磨练学生的意志，塑造学生的人格，使学生不知不觉但又自觉自愿地接受思想品德教育，从而起到春风化雨、润物无声的效果。

社会各界包括党政机关、社会团体、企事业单位及街道、社区、村镇等要主动配合做好大学生思想政治教育工作，鼓励和支持面向大学生的公益性文化活动；要动员社会各方力量，完善资助困难大学生的机制，帮助大学生解决实际困难。宣传、理论、教育、新闻、出版、文艺等部门必须坚持"育人首位"的原则，将社会效益放在第一位，坚持以团结稳定鼓劲、正面宣传为主，大力宣传党的教育方针，大力宣传正确的人才观、成才观和教育思想，大力宣传爱国主义、集体主义和社会主义思想，积极创作、出版和播放更多更好的、有益于青少年学生健康成长的文学艺术和影视作品，反映高等学校思想政治教育工作的先进典型和优秀大学生的先进事迹。严禁出版、销售、播放不健康内容的文化作品，在学校要坚决清除各种危害青少年健康成长的文化垃圾，把"以科学的理论武装人，以正确的舆论引导人，以高尚的精神塑造人，以优秀的作品鼓舞人"的任务真正落到实处。文化、公安、工商行政管理部门要加强对娱乐场所、电子游戏经营场所、录像放映场所的管理，深入持久地开展"扫黄""打非"斗争，防止不良文化对大学生的侵蚀。综合治理、公安、司法等部门要按照有关法律法规，保护学生的合法权益，严厉打击侵害学生合法权益、身心健康的事件和影响学校、社会稳定的事端，加强校园及周边地区治安综合治理，加强大学生校外活动场所的治安管理，形成积极健康向上的社会主义新风尚，为大学生思想政治工作的开展和大学生的健康成长创造良好的社会环境。

事实上，为了解决家庭、学校和社会相协调和衔接的问题，党和国家及许多高校都进行了有益的尝试，取得了一些经验，如建立家长董事会制度，定期召开校方与家长联系会，通报学生在校和在家的情况，以及时调整教育方案等。其中，"关心下一代工作委员会"的成立为协调三方关系，共同关注青少年教育和成长建立了一个联系机构。应当切实发挥这类机构的作用，为加强和改进青少年的思想政治教育提供制度上、物质上和工作上的保障。

四、加强大学生思想政治教育队伍的管理，培养高素质管理人才

思想政治工作队伍建设是党的思想政治工作建设的关键，也是做好党的思想政治工作的根本条件。2004年10月，中共中央、国务院颁发的《关于进一步加强和改进大学生思想政治教育的若干意见》指出，思想政治教育工作队伍是加强和改进大学生思想政治教育的组织保证。

大学生思想政治教育工作队伍的主体是学校党政干部和共青团干部，思想政治理论课和哲学社会科学课的教师、辅导员和班主任。要采取切实措施，培养一批坚持以马克思主义为指导、理论功底扎实、勇于开拓创新、善于联系实际、老中青相结合的哲学社会科学学科带头人和教学骨干队伍，使他们在大学

生思想政治教育中发挥更大的作用。高校的思想政治教育工作者是学生增长知识和思想进步的导师，肩负着教书育人、培养一代社会主义新人的重任。高校思想政治教育工作者都应以高度负责的态度，在对学生进行专业知识教育的同时，把思想政治教育融入大学专业学习的各个方面。要当好学生健康成长的指导者和引路人，为学生树立学习的榜样；要在思想政治上、道德品质上、学识学风上全面以身作则，自觉率先示范；要为人师表，成为热爱祖国、热爱人民、热爱社会主义的模范，努力成为学生的良师益友。

思想政治教育是培养人、塑造人的工作，教育对象是有思想、有感情、有能动性的人。高校思想政治教育面对的是思想敏锐、思维活跃、独立性强的大学生，他们对适应社会主义市场经济的新观念、新思想的渴求更加迫切，对精神文化生活的需求更多，对社会思想道德信息的选择性更大，对学校思想政治教育的内容、方式、方法也会提出更高的要求。思想政治教育要真正说服人，一是靠真理的力量，二是靠人格的力量。这里所谓人格的力量，就是思想政治教育者的形象和素质的综合体现。当前，在高校要保证思想政治教育的经常化、制度化、科学化，要想把思想政治教育落到实处、取得实效，就必须建设好一支以学校党政干部和共青团干部、思想政治理论课和哲学社会科学课教师、辅导员和班主任为骨干，包括大量兼职人员的思想政治教育队伍，注重加强教育者的政治素质、思想素质、道德素质、法律素质、知识素质、能力素质、创新素质、心理素质和身体素质，准确定位，积极思考，勇于实践，不断优化队伍结构，最大限度地发挥整体效应。

在实际工作中，有一些高校存在着兼职人员过多、专职教师过少，外聘教师过多、固定教师过少的现象，队伍流动性大、不易管理，部分人员的素质也有待提高，这不仅影响了思想政治教育的效果，也无法保障思想政治教育开展的经常性和科学性。这就要求调整思想政治教育的队伍结构，配好、配强专职工作者，合理配置兼职人员，并采取切实措施，做好思想政治教育队伍的规划、教育和培训工作，培养教育者"终身学习"的理念。

一方面，要通过学历教育、在职培训、实践锻炼和自我提高等多种形式，有计划地提高思想政治教育者的思想素质和业务能力，使他们掌握和运用思想政治工作的基本理论、基本规律和基本方法，具备做学生思想政治工作的能力，具有调查研究的能力。

另一方面，要建立一套行之有效的激励和约束机制，包括运用法律、行政、经济、纪律手段等，在人员的选拔、培养、使用、考核、晋升、处罚等方面做出明确的规定，使思想政治教育者在制度化的轨道上自觉调整、自觉进步。

此外，管理好思想政治工作队伍还要有相应的政策和制度保证。尤其是保证思想政治工作者的地位和待遇，以稳定人心。邓小平反复强调，要尊重知识、尊重人才。要从思想上、工作上、生活上关心思想政治工作者，通过配套政策，采取有力措施切实保证其地位、落实其待遇，帮助他们解决工作上、生活中遇到的实际困难，解除他们的后顾之忧，稳定和巩固思想政治工作队伍，保证思想政治工作队伍的不断壮大和发展。

在大学生思想政治教育的队伍中，包含一部分思想政治教育管理者，他们既是对大学生进行思想政治教育的教育者，也是教育的组织和管理人员。管理人员队伍的建设关系到思想政治教育的目标、内容、过程、评估和领导能否得到贯彻落实，关系着思想政治教育能否取得成效。思想政治教育的管理要做到以人为本，就必须大力加强思想政治教育管理队伍的建设，培养高素质的管理人才，提高管理水平。

对思想政治教育管理者的培养，要按照职业化的要求，培养他们的职业理想、提高他们的职业技能，塑造他们的职业形象；按照专业化的要求，使他们具有扎实的专业知识和广博的相关学科知识，培养思想预测决策的能力、独立从事科学研究的能力和运用现代化教育手段的能力，并抓好专业职务和职称的管理；按照发展性的要求，通过各种形式，有组织地为提高思想政治教育管理者的政治素质和业务素质进行各种培训活动，并贯穿终身学习的理念，自觉加强学习和思考，增强知识和素质，活到老学到老；按照动态性的要求，坚持公开、平等、竞争、全面、择优的原则，广揽人才，选贤任能，吸收更新，通过脱产学习、在职培训、挂职锻炼、组织参观访问等多途径、多渠道培养输出人才，进行专兼职人员的交流，不断充实思想政治教育的管理队伍。

五、建立切实有效的大学生思想政治教育评估机制

思想政治教育评估是根据一定的客观尺度，对思想政治教育实施的过程及结果进行定性、定量综合评判的一种过程。科学的评估是思想政治教育正确决策的基础，是思想政治教育实施有效管理的关键，也是思想政治教育全面总结的依据，它既是一次思想政治教育活动的终端，又是另一次教育活动的起点。科学的评估能通过对思想政治教育活动的全面检测、分析和评定，客观全面地了解各个方面的情况，从而评定、判断思想政治教育水平的高低，质量的好坏和效果的大小，并以此引起相关人员的思想震动或情感体验，产生激励与抑制、鼓励与监督的作用，反思、检讨、调整和改进原有的工作，促进思想政治教育的发展。思想政治教育的评估是一种全程评估、全域评估，包括对受教育者的评估，对教育者和思想政治教育相关工作人员的评估，对教育过程的评估和教育效果的评估。思想政治教育评估不是一个孤立的环节，它是与思想政治教育的目标、内容、方法、手段等因素联系在一起的。因此，对思想政治教育的评估会受到其他相关因素的影响。

传统思想政治教育重在要求不同的学生个体做出道德品质上的简单选择或言行趋同。在教育过程中，主要是用"我说你听""我打你通""填鸭式"的方法对教育对象进行单向灌输的。在对受教育者和教育效果的评估上，也是用几张标准化试卷来评判学生道德品质的优劣和道德能力的高低。不少学生虽然知道许多道德方面的大道理，思想品德考试都得高分，但这并不与他们的道德品质和道德能力成正比。事实上，思想政治教育应当注重学生品德的内化和养成，并将内化的道德品质外化为学生的道德实践能力。

因此，评估思想政治教育的效果，检验的应该是青少年的道德水平和道德实践能力，而不是考试分数。处于青春期的大学生，思想变化快、可塑性强、易受环境的影响，这就要求各高校从自身性质特点的客观实际和受教育者的思想实际出发，与现代化的教育理念相结合，与我们正在进行的社会主义现代化建设的现实相结合，按照发展的观点和开放的观点对高校思想政治教育的实施目的、实施计划、实施过程、实施结果和达到的效果进行观察、分析和综合，

建立起符合时代要求的、科学的思想政治教育评估机制，用建设先进文化、培养"四有"新人的要求来考量大学生的思想政治教育。

创新大学生思想政治教育评估机制，要坚持阶级性与科学性相统一、动机与效果相统一、定性与定量相统一、结构与功能相统一、静态与动态相统一的原则，全面、客观地对教育者、受教育者、教育部门、教育过程和教育效果进行评价。避免以往那种以考试分数、以工作量和以领导讲话为标准来评价教育效果的做法，而是要以是否有利于青年大学生的全面发展和是否有利于社会主义精神文明建设作为高校思想政治教育评估的重要标准。

高校要坚持社会主义的办学方向，其中最重要的就是要坚持培养和造就有理想、有道德、有文化、有纪律的社会主义"四有"新人。把提高青年大学生认识和改造世界的能力与把握世界发展的内在规律有机地结合在一起，自觉地为在实现社会主义现代化事业中努力实现自己的成才理想而奋斗。社会主义精神文明建设是发展先进文化的重要内容，是中国共产党先进性的主要体现之一。高校思想政治教育就是要围绕这一具有时代精神的主题进行，这不仅是社会主义高校培养人才的基本要求，也是当代青年大学生成才必须具备的素质要求。在对教育者的评估上，也要综合考评教育者的个人素质、教学效果、科研能力等因素，避免以职称作为唯一的评价标准。在评估教育部门时，要全面评估思想政治教育的规划、检查、督促和落实情况，思想政治教育管理的有关制度和规定是否科学合理，思想政治教育队伍的思想作风和组织建设、思想政治教育的理论研究和调查情况等。在考察教育过程时，检查教育目的、内容、手段和活动是否科学正确；检查教育者、受教育者和教育环境与教育目的、内容、手段等在方向上是否协调一致；检查教育过程是否实现良性循环。

在大学生思想政治教育评估机制的创新中还应当注意几个问题：一是要注意评估的教育性，评估的目的是要对思想政治教育进行诊断和反馈，起到改进和提高的作用，因此要避免就事论事；二是要注意评估的全面性，因为思想政治教育的过程和结果的表现形式是多方面的，既有显性的教育和外在的效果，又有隐性的教育和内在的效果，还有的教育效果要经过一个比较长的时间才能显现，这就要避免评估的简单化，从多角度多侧面进行大学生思想政治教育的全程、全域评估，才能真正发挥评估的作用，使大学生思想政治教育在动态中不断完善。

当前，加强和改进大学生的思想政治教育是高等院校的重要任务。我们的高等教育已经进入了一个新的阶段，思想政治教育和建设工作既面临着挑战也迎来了机遇。在改革与发展的时代，大学生思想政治教育任重而道远。这不仅需要高等学校的广大教职工去努力参与和实施，而且需要全社会的关心、支持和参与，共同开创大学生思想政治教育的新局面。我们既要求真务实又要开拓创新，围绕"培养什么人""如何培养人"这一重大课题，充分发挥各个方面的育人合力，继承优良传统，创新和发展既有理论，努力拓展新形势下大学生思想政治教育的实践途径，使我们的思想政治工作有声有色，为培养中国特色社会主义事业的建设者和接班人服务。

第五节　大学生思想政治教育机制的创新

思想政治教育的育人目标能否实现、育人功能能否发挥，关键是要建立一个行之有效的运行管理机制。反思我国大学生思想政治教育活动的历程，我们深刻地认识到我们最为缺乏的就是这种机制。因此，在新形势下，必须创新领导机制、沟通机制、保障机制、激励机制、评价机制，这样才能保证实现大学生思想政治教育的目的。

一、强化大学生思想政治教育的领导机制

领导机制是大学生思想政治教育运行的"龙头"，其是否得到完善和加强，直接影响着大学生思想政治教育工作的落实与否。领导重视是做好一切工作的前提和保证，领导机制创新的核心就是要建立"党政领导共同负责制"。落实党委负总责，校长及行政系统组织负责为主的思想政治教育工作领导管理体制，把思想政治教育工作纳入学校工作的总体规划，真正做到把思想政治教

育贯穿在教育的全过程，落实在教学、管理、后勤服务的各个环节。努力形成"党委领导、党政结合、强化行政、齐抓共管"的大学生思想政治教育工作一体化运行机制，切实为提高大学生思想政治教育工作的有效性提供组织保障。与此同时，还要建立健全学校内部各职能部门联合协调机制，分工负责、各司其职，协调配合，从不同角度、以不同方式开展工作，努力形成思想政治教育工作的强大合力。

二、构筑大学生思想政治教育的沟通机制

沟通是大学生思想政治教育管理活动和管理行为中重要的组成部分。大学生思想政治教育工作中的沟通包含了教育主体与大学生之间的沟通、高校与大学生家长之间的沟通、家长与学生之间的沟通、学生与学生之间的沟通、社会与学生之间沟通等多个方面。良好的思想政治教育沟通的表现有以下几种：认知上产生认同，情感上产生共鸣，观念上发生质的飞跃。通过良好的沟通实现增进理解，深化认识，力求达到塑造品质、健康心理的结果。通过沟通，架起相互理解、信任的桥梁，推动感情心理的交汇，从而做到相互启发、明辨是非、团结统一、凝聚人心，进而达到思想政治教育的目的。努力构建学校与社会、学校与家庭及社会与家庭相互间协同运作的沟通协调机制，充分释放出三者的叠加效应，以期达到 1+1+1>3 的目的，取得最佳的教育效果。❶

（1）建立高校领导和校内职能部门学生接待日制度，使校领导和职能部门领导与大学生实现零距离接触；

（2）建立家长观察员制度，每月请家长代表到学校与学校领导、教师、管理人员面对面交流，与学生面对面交流；

（3）建立学生学习成绩、学校建设发展向家长定期告知制度，学校定期向学生家长寄去学生的成绩单和致家长一封信；

（4）尝试建立学生、辅导员 24 小时住校值班制度，学生辅导员可与学生同吃同住，实现零距离交流和管理；

（5）建立兼职班主任制度和本科生导师制度，通过建设一大批本科生兼

---

❶ 万娟．基于创新发展的高校思想政治教育研究［M］．长春：吉林大学出版社，2022．

职班主任和本科生导师，增加与学生的沟通内容。通过沟通制度的建立和不断的完善，增强了思想政治教育的针对性和实效性。

三、建立大学生思想政治教育保障机制

思想政治教育保障机制是思想政治教育的"安全阀"，它是保证思想政治教育活动得以正常、有序进行的必要的内外部条件。思想政治教育系统的有效运行，必须以一定的保障条件作为基础。

（一）制度保障

要抓紧制定和健全思想政治教育的法律、法规和制度，依法加强对社会生活各个方面的管理，把我们倡导的思想道德原则融入科学有效的社会管理之中，形成良好的社会环境。实现思想政治教育工作的规范化、制度化，保证思想政治教育体系中的各责任单元都能很好地履行自己的职责，完成自己的任务。

（二）队伍保障

要按照素质提高、结构优化、可靠稳定的培养要求，大力加强思想政治工作队伍建设。高标准选聘专兼职辅导员到思想政治教育工作队伍中来，通过建立日常培训与专题培训相结合的分层次、多形式培训体系来加强政工干部的培养。建立政工干部激励机制，切实解决其评聘教师职称或行政职务问题，改善他们的工作环境和条件，为辅导员、班主任工作和发展建立政策保障，努力加强思想政治工作的组织建设。

（三）物质保障

高校应高度重视思想政治教育的"硬件"建设，加大经费投入，不断改善条件，优化教育手段。而且，高校要更加充分地运用多媒体和网络传媒等高新科技手段尽快实现大学生思想政治教育手段的现代化发展。

四、完善大学生思想政治教育评估机制

思想政治教育必须讲究效益。对思想政治教育工作效益进行科学评估，既有助于正确评判思想政治教育工作的现状与效果，也有助于人们树立正确的思

想政治教育工作价值观。大学生思想政治教育评估既是大学生思想政治教育过程的一个基本环节，又是大学生思想政治教育信息反馈的基本方式之一。建立效益评估机制以推进思想政治教育，势在必行。

一方面，各级思想政治工作的领导部门要建立和完善思想政治教育评估制度，各级党政领导机关还要按照制度规定定期或者不定期地对主管单位进行检查、评估、督导和验收。

另一方面，要确立科学合理的评估标准，制定科学、可行、实用的大学生思想政治教育评价指标体系。我们应该始终坚持精神成果与物质成果相统一，近期效益与长期效益相统一，个体效益与群体效益相统一，静态效益与动态效益相统一的原则，综合运用测算分析评估方法，充分利用先进的测量与评定技术，通过定性与定量分析，对思想政治教育工作的实践结果进行多形式、多角度、多层次、多方面的综合性评估，并在此科学评估的基础之上实行奖惩政策，以有效杜绝思想政治教育工作领域经常出现的"干好干坏一个样、干与不干一个样"等不良现象。

另外，我们还需要努力建立一套较为科学合理的大学生思想政治教育奖惩机制，并以此对在高校的大学生思想政治教育工作中取得突出成绩的单位或者个人，给他们物质和精神上的双重奖励，并总结他们的先进经验加以推广。而对于那些反其道而行之的单位和人员，要充分利用学校的行政和经济手段，按奖惩机制中的明确规定对这些单位和个人进行惩罚和处理，从而达到"惩前毖后、治病救人"的目的。

第五章　大学生思想政治教育的具体实践

高校思想政治教育工作肩负着为中国特色社会主义事业培养合格建设者和接班人的崇高责任，是国家思想政治建设的战略、固本和铸魂工程。通过从大学生思想政治教育的理论课程方面、教育实践方面、校园文化方面等进行丰富的具体实践活动，帮助解决大学生思想政治教育中遇到的一些问题，为大学生思想政治教育工作奠定理论基础与实践指南。

第一节　大学生思想政治教育的理论课程实践

一、贯彻"以人为本"的教育理念

在思想政治教育主渠道的建设中坚持"以人为本"，就是要坚持以大学生为本，"以大学生全面发展为目标，解放思想、实事求是、与时俱进，坚持以人为本，贴近实际、贴近生活、贴近学生，努力地提高思想政治教育的针对性、实效性和吸引力、感染力，培养德智体美全面发展的社会主义事业合格建设者和可靠接班人"❶。这就充分说明了思想政治教育的目标是大学生的全面发展，将他们培养成为社会主义事业合格的建设者和接班人，要实现这样的目标，必须以学生为本，贴近学生思想、学习和生活的实际，尊重学生、关心学

---

❶　教育部思想政治工作司组编．加强和改进大学生思想政治教育重要文献选编（1978—2014）[M]．北京：知识产权出版社，2015.

生，引导帮助学生全面发展。

以人为本属于价值论的范畴，回答的是什么最重要、什么最根本、什么最值得关注。在大学生思想政治教育主渠道建设中，坚持以学生为本，必须认识到学生的思想政治素质有实质性的提高最为重要；尊重学生在教学中的主体性是根本；学生的思想政治状况，学生关心的热点、难点，学生渴望解决的思想矛盾等最值得关注，要使这样的教育理念得到有效地贯彻，需要注意以下几点。

第一，在教材建设方面，要充分考虑到教材是对大学生进行马克思主义理论教育及推动马克思主义大众化的有效载体。因此，要针对不同层次学生的知识文化素质和阅读能力编写教材，增强教材的时代性、可读性。

第二，在教学设计上，要充分考虑学生群体不同层次、不同专业的差异，在知识文化素质、思维方式和兴趣点等方面的差异，根据不同层次的学生设计不同的教学方案，创建不同的教学模式。教师备课首先要备学生，增强教学的针对性，提高教学的实效性。

第三，在具体的教学活动中，要充分尊重学生的主体地位，采取多样化的形式吸引学生积极参与到教学活动中来，让学生有独立感悟、思考、探索的空间，让学生在主动参与的过程中达到知识、情感和信念的统一和协调转化，提升自身的思想政治素质。

在贯彻以人为本的教学理念中，要防止过犹不及的做法。目前，有些教师在教学中放弃原则，处处迎合学生，在课堂上或舍本逐末，大讲奇异事例以引起学生的兴趣，完全用事例代替理论分析和理论引导；或背弃思想政治理论课的主旨，上课发牢骚，以偏概全，用社会上出现的一些消极现象为依据大批社会、党和政府；或哗众取宠，对学生感兴趣的问题，如情感问题、网络问题，大讲特讲，对需要完成的教学内容却简单几句带过；或不加强课堂管理，放任学生在课堂上做与课程无关的事情等。这些行为不是以人为本，不但不能提高学生的思想政治素质，还会给学生的健康成长带来负面影响。

二、贯彻社会主义核心价值体系

社会主义核心价值体系是社会主义意识的体现，也是我国意识形态的本质。从某种意义上来说，社会主义核心价值观对社会主义的发展模式、发展目标及发展任务具有重要的作用和联系。在社会主义建设中，我们要充分利用核心价值观念的相关内容对社会主义现代化建设进行引领和指导，将其融入我国社会主义精神文明建设和物质文明建设的社会实践之中。在社会主义核心价值观的引领下，大学生个人的思想发展目标与社会发展目标相互协调，增强社会主义核心价值体系的吸引力和凝聚力。思想政治理论课是大学生思想政治教育的主渠道，是大学生思想政治教育的主要阵地，它必然要承担起开展核心价值体系教育的责任，提高大学生思想政治教育理论课教育的效果。

（一）在马克思主义理论教学中融入社会主义核心价值体系

马克思主义基础理论教学是大学生思想政治教育的重要组成部分，更是政治理论课程教育的灵魂与核心。大学生马克思主义基础理论教育的目的是帮助大学生了解与认识马克思主义基本理论，深化对社会主义和共产主义的理解，学会运用科学的世界观和方法论认识世界、改造世界。在马克思主义基本理论的引导下，大学生可以建立起马克思主义性质的人生观和价值观，坚定他们对共产主义的信仰，增强他们进行社会主义现代化建设的信心。因此，马克思基础理论教学在大学生教育体系中占有重要的地位，并且是我国大学生思想政治教育的核心课程。对马克思主义的理解，我们应该从以下两个方面来入手。

1. 准确、完整地把握马克思主义

准确而完整地理解马克思主义，要将马克思所有的理论与内容看作一个有机的整体，不能将各个部分拆开来进行理解与运用。马克思主义的基本原理与一般的马克思主义教育课程不同，有些马克思主义教育教材将马克思主义哲学、马克思主义政治经济学和科学社会主义分为三个独立的内容来进行说明，这种做法在思想政治理论课中是不适用的，因为马克思主义基本原理的理解和运用必须将所有的内容联系起来，只有深刻理解其内在的逻辑关系才能真正地进行运用。

2. 强化实践的马克思主义的教育和运用

在加强对马克思主义经典文本的解读和对马克思主义整体把握的同时，必须着眼于时代的变化和实践的进展，明确哪些是必须长期坚持的马克思主义基本原理，哪些是必须破除的对马克思主义的教条式理解，哪些是必须结合新的时代和新的实践加以丰富和发展的理论判断。要用马克思主义的立场、观点和方法分析和回答重大的现实理论问题和实践难题。

（二）在毛泽东思想和中国特色社会主义理论体系教学中融入社会主义核心价值体系

毛泽东思想和中国特色社会主义理论体系是大学生整个思想政治理论课程体系的核心。该课程以中国化马克思主义理论为主线，以中国特色社会主义为重点，着重教授中国共产党在新民主主义革命和社会主义建设中，党和国家领导人创造性地将马克思主义理论与中国实际相结合进行的理论创新，即中国化的马克思主义理论，从革命战争年代开始至今，马克思主义中国化有三次历史性飞跃。在大学生思想政治教育中，要充分借鉴和吸收其丰富内涵，促进我国思想政治教育的稳步发展。

毛泽东思想和中国特色社会主义理论体系教学是大学生思想政治教育的重要内容，在具体的授课过程中，我们要特别突出以下两个方面的特点。

1. 要突出核心问题的教学

在思想政治理论课的教育中，课程的内容要紧紧围绕马克思主义中国化的历史进程来组织安排，围绕"什么是中国特色社会主义，怎样建设中国特色社会主义"来组织相应的内容。

2. 要强化问题意识和专题教学

大学生思想政治教育理论课，必须要面向我国社会主义现代化建设的现实状况，按照具体的情况和马克思主义理论的基本框架和逻辑顺序对理论课教学和实践教学做出科学的安排。另外，为了强化教学效果，还要结合时事专题教育。

（三）在道德修养与法律知识的教学中融入社会主义核心价值体系

道德修养和法律知识也是大学生思想政治素质教学中不可缺少的一个组成部分，它们是大学生思想政治理论课中的基础课程。开设相关课程能够帮助大学生明确我国的法律、道德规范，约束大学生的日常行为，帮助大学生养成良好的行为习惯，提高他们的思想道德觉悟，把他们培养成有理想、有道德、有文化、有纪律的社会主义接班人。

在大学生的思想道德修养和法律的教育教学中，要着重突出对大学生民族精神、时代精神和社会主义荣辱观教育，紧紧围绕这些内容对大学生进行思想道德与法律知识教育。"思想道德修养和法律基础"这一课程是大学新生的入门课程，主要针对不太熟悉大学生活的新生开展，目的是让他们在大学开始就养成良好的行为习惯，为更深层次思想政治课程的开展打好基础。在开展道德修养和法律知识教育的过程中，教育者要针对大学生成才制定专门的提高大学生个人素质的内容。

（四）在中国近代史教学中融入社会主义核心价值体系

中国近代历史教育是我国思想政治教育的重要组成部分，也是大学生思想政治教育体系中不缺少的基础教学内容。从中学起，学生就开始逐渐接触我国的近代历史，在大学阶段，大部分学生对近代史的史实已经有了比较明确的认识，大学阶段主要是培养大学生对发展规律的认识。另外，大学生还要加强对马克思主义是中国革命和建设的唯一出路，中国共产党领导中华民族取得新民主主义革命的胜利是历史的选择等问题的深刻理解与认识。

在中国近代史的教育、教学中，教育者应该从历史的角度出发，总结并借鉴相关经验，对我国社会主义现代化建设进行一定程度上的引申。中国近代史总结起来就是一部屈辱史、一部艰苦探索史、一部全国人民的救亡图存史。在中国近代史的教学中，相关课程的安排要将中华民族的伟大复兴作为基本线索，围绕这一主题开展中国近代史教育，从而帮助学生更深刻地理解中华民族的苦难，更深刻地理解马克思主义对于近代中国走出半殖民地半封建社会的重要意义。

中国近代史的教育目的是让学生了解近代中国走向衰落的原因，理解马克思主义和中国共产党是历史的选择和必然，增强大学生对马克思主义和中国共产党的信心，增强其在社会主义建设道路上不畏风险、乘风破浪的勇气。在现阶段，大学生要努力学习科学文化知识，将社会发展的目标与个人目标结合起来，明确奋斗目标，为中华民族的伟大复兴作出自己的贡献。

三、实现教学方式、方法的创新与改革

事实上，人类的教育活动起源于交往，在一定意义上，教育是人类的一种特殊的交往活动。况且，大学生正值青春期，其生理、心理都发生了很大变化，自我意识、独立意识得到了增强，并要求与成年人平等相待。我们应该充分尊重大学生在该阶段的学习和生活特点，有针对性地对他们进行教育，充分调动他们参加教学活动的积极性和主动性。一般来说，发挥大学生主体性和教师主导性的特点，需要从以下几个方面入手。

（一）加强学生在学习中的主体地位

传统的教学方法注重教师在教学中的作用，各种措施也都是针对教学来制定的，这种做法片面地强调了教师在教学中的作用和地位。教学是个互动的过程，教师和学生缺少任何一方都不能构成教学活动，双方在教学中的地位是平等的。从这一点来看，传统的教学活动，完全忽视了学生在教学中的主动性，并且将学生放在被动接受的教育地位之上。传统教育采用灌输式的教育方式，教学活动完全按照教育者的意愿进行，无论是教学过程的安排还是教学内容的设计，都没有针对学生的特点来进行，最终造成教学效果欠佳。

每个人都是一个独特的个体，有自己的思想意识和行为想法，在教学过程中，我们要充分尊重学生的个体性，尊重他们在教学中应该享有的地位。现代教学方法与传统教学方法的区别集中体现在学生在教学活动当中的地位和发挥的作用，现代教育追求最大限度地发挥学生在教学中的主体作用，发挥他们的积极性和主动性。

学习是一个不断认识、不断深化的知识内化活动，在整个学习过程当中，很多因素都会对学习的效果产生影响，如个人的认识、对待某种事物的情感、学习者个人的意志和信念等，这些因素可能会在教学过程中以一种或者多种集合的方式出现，对教学活动造成一定的干扰。在教学互动中，学生要克服各种不利因素的影响，充分发挥自己的主观能动作用，最大程度地发掘自己学习中的潜力和天赋。

（二）改进教学方法必须尊重学生的个性发展

马克思主义教育的目的是让每个人都获得符合其个性特点的发展，解放人

的个性，促进人的全面发展，这是马克思主义始终坚持的育人观点。个性是人最宝贵的品质，正是因为个性的存在才让我们这个社会多姿多彩，缺乏个性的教育是违背客观规律的，也是没有灵魂和创造力的。在教学过程中，教师要根据受教者的特点帮助他们获得最合适的教育，充分激发学生的潜力，从而达成我们的教学目的。

在新的社会发展形势和发展社会背景下，我们要充分尊重大学生思想政治教育状况和大学生思想政治水平，本着个性解放、多元发展的基本思路，根据当前的实际状况，对大学生思想政治教育的发展进行全面的规划。

在教学中，教师在改进教学方法的过程中有三个方面值得注意：一是从小处入手，放弃假大空的说辞和不切实际的目标，将思想政治教育理论课当作教育学生做人、鼓励他们前进的阵地；二是思想政治教育课要教会学生如何在大学生活中扮演好自己的角色，并培养他们离开校园进入社会，在生活及工作中需要的素质和品德；三是树立终身学习的目标，激发他们的学习兴趣与学习欲望，充分激发他们的潜能。❶

（三）优化教学方式

思想政治理论课应从不同角度，结合具体的教学内容，精心设计，选择不同的教学方式。在教学方法上，每位教师要根据自己的能力、特长选择诸如提问启发思考、学生发问老师解答、理论宣讲、艺术感染、实践指导等教学方法。另外，还可开展专题讲座、课堂讨论、热点评论、参观访问等，使教学方式多样化、趣味化，给教学方式以最大的灵活性。研究表明，学习同样的内容，在同样的 3 个小时内，仅用老师讲、学生听的口授方式，学生仅能理解60%；如果能增加看的内容，学生就能理解 70%；听、看、说并用，学生则能理解 90%。这说明在学习上，多种方式的学习要胜过单一方式的学习。

（四）以校园网络为平台拓展思想政治理论课的新载体

互联网的出现是人类历史上的一个奇迹，是人类智慧的结晶，通过互联网，人们可以轻松地获得人类几千年来积淀的知识和智慧。网络的出现使得大学生思想政治教育变得更加灵活，思想政治教育理论课也有了更大的发挥空

---

❶ 范翠莲，李春风，边黎明 . 思想政治教育与实践［M］. 北京：九州出版社，2018.

间，与此同时，互联网的出现对传统的课堂教育也是一个巨大的挑战。

思想政治理论课的开展可以与互联网相结合，二者的结合能够最大程度地发挥课堂教育及网络教育的优点，克服他们在单独对大学生进行思想政治教育过程中的缺点和不足。理论课教育可以借助丰富的互联网资源，充实与丰富课堂教育的内容，同时可以增强思想政治教育课的吸引力。网络是一把双刃剑，如果不对大学生的网络行为进行管理与规范，就会对大学生的成长带来很大的影响。通过思想政治教育理论课的筛选与约束，大学生可以更好地利用网络信息与网络知识，提升大学生思想政治教育的效果。

第二节　大学生思想政治教育实践活动

一、强化实践教学

青年是国家和民族的希望，创新是社会进步的灵魂，创业是推动社会经济发展，改善民生的重要途径。青年学生富有想象力和创造力，是创新创业的有生力量。拥有一大批创新型青年人才，是国家创新的活力所在，也是科技发展希望所在。

实践教学能够促进我国大学生更加深刻地了解理论知识和实践知识，所以充分地运用实践教学显得特别重要，而当前我国思想政治理论课实践教学的实际状况并不令人满意。笔者认为，改善我国思想政治理论课实践教育应该在实践教学的形式和资源上做到"两手抓，两手都要硬"，一方面积极拓展实践教学需要的各种形式，另一方面积极开拓实践教学的教学资源。

（一）实践教学的地位与价值

1. 实践教学的重要地位

实践教学在思想政治教学中的地位的重要性主要体现在两个方面。一是实践教学与理论课教学在教学手段、组织形式和教学方式上有着重要的差别，这直接决定了实践教学有着理论课教学所不具备的优势，因此在思想政治教学之中，实践教学是不可替代的。二是实践教学与理论课教学在教学目标和理论支持上具有共性：实践教学和理论课教学都是以马克思主义理论为支持，以培养全面发展的四有新人为目标的。

实践教学与理论课教学的差异与共性决定了在思想政治理论课教学中，实践教学的地位是不可替代的。在高校思想政治理论课今后的发展中要形成实践教学与理论课教学相互促进的机制，更好地完成思想政治课理论教育的任务。

2. 实践教学的重要价值

理论联系实际既是党的思想路线的重要内容，也是思想政治教育教学改革的一条主线。思想政治教育要实现与时俱进、不断创新，就必须要重视实践教学。具体来说，实践教学具有以下两点重要价值：一是实践教学是思想政治理论课教学改革的战略选择；二是实践教学是思想政治理论课与时俱进的客观要求。

（二）整合实践教学资源

1. 实践教学资源的构成

思想政治理论课实践教学的资源要素众多，构成丰富。一方面，包括以自然形态存在的非生命的自然资源，另一方面，包括实践教学所用的人力、文化、科技、信息等社会性资源。其中，社会性资源是大学生思想政治理论课实践教学资源的主要部分。通常社会性资源主要包括社会活动中与学生生活体验和思想政治理论相关的各种实物。通常有学生的生活体验、革命历史遗址遗迹、各种多媒体影视资料、蕴涵着丰富教育价值的人文景观、社会生活及网络生活。这些都是开展思想政治理论课实践教学的宝贵资源。

2. 实践教学资源的开发、利用和管理

实践教学资源的开发、利用和管理是影响实践教学活动实施效果的重要因素。因此，在实现思想政治理论课实践教学发展的过程中，除了要积极拓展思想政治理论课教学需要的各种实践教学资源，还需要对实践教学资源进行有效地开发、利用和管理，为实践教学的顺利开展在质和量上提供有保证的实践教学资源。

（1）校内实践教学资源的开发、利用和管理。校内实践教学资源是思想政治实践教学资源的主体，这一资源包括与思想政治实践教学相关的各种校内资源。这些资源主要包括思想政治理论课修读学生、学校党政干部和共青团干部、学生辅导员和班主任、实践教学对象地区的干部群众等。校内实践教学资源是开发利用实践教学其他资源的主体，在思想政治理论课实践教学之中具有一定程度的主导性。因此，思想政治理论课实践教学的校内资源的管理水平直接决定着思想政治实践教学工作开展的水平。总之，要加强思想政治理论课实践教学校内资源的开发、利用和管理。

（2）实践教学基地资源的开发、利用和管理。实践教学基地是校外实践教学的重要元素；实践教学基地开发水平的高低实际决定了校外实践教学开展的水平。因此，为实现课外实践教学的顺利开展，学校应积极与校外单位合作建立一个长期稳定的实践教学基地。校外实践教学基地可以是实验室、博物馆、历史遗迹、名人故居等。

实践教学基地应按照环境友好、主题鲜明、功能完善、管理规范、相对稳定的思路建设，最终实现课外实践教学的全面推进。实现以上的这些要求需要从以下几个方面做起。

第一，实事求是，做好实践教学基地的合理规划。实事求是地做好校外资源的规划是建设好实践教学基地的第一步。在建设实践教学基地之前，首先要了解学校自身的需要，其次做好规划，对实践教学基地建设的可行性和实践教学基地的有用性展开全面讨论，发挥学校所有实践教学基地整体的育人功能。

第二，把实践教学基地建设与学生现有的生活实际结合起来，开发现有实践教学基地的育人功能。有一部分高校存在着现有实践教学基地利用率不高的现象，因此这些学校建设新的实践教学基地已经显得没有必要，而且在对实践教学基地的开发、利用和管理中，最重要的是实践教学基地的利用，不能只开发不利用，做政绩工程和面子工程。因此，学校要认真调查学生的实际需要，提高现有的实践教学基地的利用率。

第三，加强实践教学的综合管理，展开校际共享与社会共享。实践教学基地的开发需要很大的经费支持，因此，如果能够加强实践教学基地的重复利用，则能够实现实践教学基地建设经费的节省。这对突破思想政治实践教学的经费困境具有重大的意义。

二、加强社会实践

（一）加强宏观管理

大学生社会实践活动的宏观管理关键在于大学生社会实践活动的领导机制、指导机制、激励机制和保障机制的建设。

1. 建立领导机制

建立校、院（系）两级领导机构。在此基础上，建立和完善包括责任制、督查制、报告制等在内的领导机制。每种类型的社会实践活动都要明确责任部门和责任人，形成齐抓共管、一级抓一级、层层抓落实的工作局面。校级领导机构要在明确责任分工、优化资源配置、协调工作冲突、进行督促检查、开展专题培训等方面发挥主导性作用；院（系）级领导机构要在策划部署、人员配备、考核评定、社会实践基地建设等方面发挥关键性作用。教学管理部门要抓好属于"第一课堂"的专业实习类、军事训练类社会实践活动；学生管理部门、党群组织要抓好属于"第二课堂"的生产劳动类、社会调查类、勤工俭学类、科技服务类、志愿服务类和挂职锻炼类社会实践活动。❶

2. 建立指导机制

没有高水平的专业指导，就不可能有高质量的社会实践活动。建立校、院（系）两级指导教师团队，在此基础上，要进一步完善指导机制。一是通过加强课程建设，建立和完善大学生社会实践培训课程体系及课酬制度，推进校级指导教师团队的知识化和专业化；二是通过建立大学生社会实践指导教师进修培训制度和活动补助制度，推进院（系）指导教师团队的建设。

3. 建立激励机制

社会实践活动的最终受益者是学生。如果学生在活动中没有积极性，只是被动地参与，那么这样的社会实践活动就没有什么实效性可言。因此，必须从

---

❶ 柳琼，韩冰，张薇. 大学生思想政治教育对策研究［M］. 长春：吉林出版集团股份有限公司，2020.

学生在社会实践活动中可以获得什么，或者说作为施教者可以通过社会实践活动给予学生什么这个根本问题出发，建立完善的激励机制，才能实现学生从"要我参加"到"我要参加"的转变。对于专业实习、生产劳动、社会调查等"必修科目"，除了要根据不同情况，给予学生一定的交通补助和生活补助，同时还要通过总结表彰大会这种形式，对表现优秀的个人和集体进行公开表彰。对于勤工俭学、科技服务、志愿服务和挂职锻炼等"选修科目"，要建立学分奖励制度。总结来说，一是探索和建立勤工俭学、志愿服务和挂职锻炼时数与学时之间恰当合理的换算关系，为进行学分奖励提供可靠的基础；二是根据科技服务时间及科技项目获奖情况，对学生进行学分奖励。

4. 建立保障机制

开展大学生社会实践活动是有成本的，也是有风险的，因此，有必要建立大学生社会实践投入机制和风险机制等保障机制。一是要建立学校、学生和社会三方共同参与的多元投入机制；二是要建立社会化的风险保障机制。学生在参加社会实践活动的过程中存在着各种各样不确定的因素，容易发生这样那样的安全事故。因此，除了对带队老师和广大学生进行安全教育、采取必要的安全措施，还要为每一位学生购买商业保险。实践表明，购买商业保险是规避风险的一种比较稳妥可行的办法。

（二）关注基地建设

实践基地是专门为学生社会实践而成立的一个基地或者机构。"三维实践基地"则着力从社会实践、科技实践、创业实践三个方面大力推进大学生社会实践基地建设。如果将"社会实践基地"和"科技实践基地"比作培养学生基本实践能力的 X 坐标轴和 Y 坐标轴，那么"创业实践基地"就是培养学生整体综合实践能力的 Z 坐标轴，故将此称为培养学生综合素质的"三维实践基地"。

1. 社会实践基地

一方面，大学生可以充分结合区校、村校、校企共建服务活动，在区县、农村、企业建设社会实践基地；另一方面，大学生还可以以班级、院系、社团等组织为单位，就近建立社会实践基地，并且各实践队伍与各实践对象可以建立长期的合作关系。同时，不同年级的学生还可以采取以老带新的方式组团开展活动，增强实践基地的传承性，为更多大学生经常性地参与社会实践活动提供机会和渠道。这种校外结合专业特点、自身优势参加社会调查、实际生产、企业管理的方式，不仅能为社会和企业提供技术服务，也可以帮助大学生通过社会实践提升专业技能，锻炼适应社会的能力。

2. 科技实践基地

高校通过开展诸如全国"挑战杯"科技竞赛、国家大学生创新性实验计划等活动，并结合"科学商店"项目（大学生科普志愿者进社区）在校内建立大学生科创中心作为科技实践基地。同时，高校可以开展各项科技文化活动为巩固科技实践基地奠定基础，提高学生参与科技实践基地的积极性，并鼓励完成一定创新实践并取得成果的大学生，由学校组织专家审核认定后，奖励一定的学分。从科技创新的角度承认大学生的科技成果，这样学生科技创新能力的提高能够反过来激发学生进一步学好科学文化知识和积极参与科技实践基地建设的兴趣，形成良性循环。

3. 创业实践基地

学校不仅要满足学生创业实践的基本要求，还要通过开展系统的创业教育、选修课程和个别指导对学生进行创业知识培训，鼓励学生把自己的所学所思运用到创业活动中去。不仅如此，在学校统一指导下，学校相关部门与社会相关企业建立创业实践基地，学生就可以将在创业计划竞赛、大学生课外科技作品竞赛等各种竞赛中的作品和创意应用到创业实践中去，从而增强理论与实践结合的主动意识，增强学生创业的积极性。❶

（三）加强社会实践的育人功能

1. 正确地认识实践活动在思想政治教育中的重要作用

要使各种社会实践活动顺利而有序地开展，必须对社会实践活动有正确的认识。在大学生思想道德建设中，既要认识到社会实践活动的重要作用，积极开展各项有意义的活动，而且要做好活动的各项保障工作，避免安全事故的发生。尤其要避免盲目的活动，如媒体报道的某些大学生自发进行的探险活动，

---

❶　陈军，杨美华，龚静源．思想政治教育理论与实践［M］．武汉：湖北人民出版社，2018.

由于缺乏对活动的可行性的策划和安排，参与者的人身安全就没有保障，也对国家行政管理资源造成了不必要的浪费。

特别要克服两种错误倾向：一种是认为活动越多越好，结果是活动太滥、太频繁，参与者感到疲惫不堪，既影响了中心工作，又冲淡了大学生的参与热情；另一种是因为在活动中出现问题而不敢开展活动、谈活动色变的倾向，产生"一朝被蛇咬，十年怕井绳"的心理，认为开展社会实践活动越多，出问题就越多。出了问题不是去思考出现问题的原因，总结社会实践活动的经验教训，而是把问题简单地归咎于活动本身，认为不开展活动事情都不会发生。这两种倾向对于充分利用社会实践活动载体都是有害的，必须在大学生思想道德建设中加以克服。

2. 设计和安排时效性强的社会实践活动

开展社会实践活动，要精心设计，合理安排，加强组织领导，力求解决实际问题，突出实效。以社会实践活动为载体开展大学生思想道德建设，不仅要考虑社会实践活动的必要性，而且要研究社会实践活动的可行性和针对性，力求社会实践活动有意义并取得良好的效果。开展什么样的活动，应当在事前精心设计并作出科学合理的安排，要处理好中心工作与活动之间的关系。特别是要避免为搞活动而活动、放弃中心工作的做法。

在活动中，尤其是具有一定规模的活动，如果缺乏有效的组织领导，就会使活动混乱不堪，不但收不到预期的效果，而且会使参与的大学生产生抱怨情绪，再有意义的活动也收不到应有的效果。是否能发挥社会实践活动的有效作用，关键看活动的内容和形式是否为大学生所需要。也就是说，各种活动都要坚持以人为本，以满足大学生的物质生活和文化生活需要作为出发点。

3. 开展丰富多样的社会实践活动

（1）主题意义明确。实践团队应结合学校特色、社会热点、市场需求，从本专业的实际出发，确定实践主题。各基层实践单位可以在主线不变的情况下根据自身实际情况设定分主题。同时，社会实践是学生接触社会、了解现实、主动学习、自主发展的有效途径。社会实践主题的确定重在调动学生的积极性，增强他们参与活动的浓厚兴趣。主题应简单易行，便于操作，让学生在探究与实践过程中增进知识，开阔视野，增强团队意识和合作精神，切切实实成为学生在实践中接受教育的有效途径。

（2）实施方式灵活。为实现让大学生通过社会实践这种方式，更真实客观地观察社会，主动接受外部世界考验的目标，社会实践在实施过程中应注重实施方式的灵活性与实践形式的多样性。在实施过程中宜以院系、班级团支部、专业、课题组、社团、兴趣爱好等方式组团，拓宽实践活动领域、丰富实践活动内容，因地制宜，也可采用理论宣讲、社会调查、学习参观等方式。

三、深化创业教育

要引导劳动者转变就业观念，鼓励多渠道多形式就业，促进创业带动就业，做好以高校毕业生为重点的青年就业工作。

（一）开设创业课程，传授创业知识

教育部《关于印发〈普通本科学校创业教育教学基本要求（试行）〉的通知》确立了本科创业教育的教学目标：通过创业教育教学，使学生掌握创业的基础知识和基本理论，熟悉创业的基本流程和基本方法，了解创业的法律法规和相关政策，激发学生的创业意识，提高学生的社会责任感、创新精神和创业能力，促进学生创业就业和全面发展。文件要求各高校把创业教育教学纳入学校改革发展规划，纳入学校人才培养体系，纳入学校教育教学评估指标，创造条件面向全体学生单独开设"创业基础"必修课，并支持有条件的高等学校根据办学定位、人才培养规格和学科专业特点，开发、开设创业教育类选修课程（含实践课程）。近年来，各高校积极地贯彻教育部文件要求，绝大多数高校已经开设了创新创业类必修或选修课程。

（二）宣传创业典型，营造创业氛围

随着越来越多的大学生投身创业实践，不少成功创业的先进典型人物不断涌现，成为高校开展创业引导、营造创业氛围的宝贵案例资源。教育部和各地教育主管部门组织开展了创业先进典型评选活动，各高校通过参加评选，全面梳理了近年来表现突出的自主创业典型案例材料，通过"创业校友面对面"、自主创业案例集、自主创业宣讲报告会等形式，不遗余力地宣传创业事迹，激

发在校大学生的创业意愿，取得了很好的实际效果。

（三）搭建实践平台，加强创业实践

为鼓励大学生积极开展创业活动，培养创业能力，高校可以建立"联通青春"创业社，为大学生创业项目提供场所和经费支持，同时为拓展大学生就业空间，提高大学生的就业能力。学校相关部门可以积极与就业指导中心密切联系，搭建大学生与单位之间的接触平台，组织各学院大学生通过企业参观、座谈交流、走访校友、问卷调查等方式了解就业单位、就业人才市场需求，明确自身的努力方向，从而起到良好的作用。

（四）举办创业活动强化创业实践

各高校以"第二课堂"为辅助，广泛开展创业计划竞赛、创业讲座、创业实战赛、创业见习、企业家论坛、创业者沙龙和企业参访等活动，推出了"企业家进校园"、创业成功人士访谈、暑期创业实战赛、创业成长训练营等精彩纷呈的品牌活动。同时，不少高校探索开展创业骨干培训，面向有创业意愿的学生开设"创业骨干培训班""创业训练营""创业大课堂"等，挖掘、培育创业苗子，对具有相对成熟创业意向的学生进行"一对一"指导。此外，以"挑战杯"全国大学生课外学术科技作品竞赛和中国大学生创业计划竞赛为代表的各级、各类创新创业赛事也是高校开展创业教育的重要平台。

四、鼓励科研创新

现代大学的功能已拓展到人才培养、科学研究、社会服务和文化传承创新四个方面，其中，人才培养是高等教育的本质要求和根本使命。四大功能围绕这一核心有机互动、相互支撑，才能为内涵的发展打开更大空间。科学研究对于创新型人才培养具有特殊的重要意义。科研创新，既是提升大学生专业知识水平和创新创造能力的前沿阵地，也是促进产学研紧密合作、实现现代大学功能的必要途径。

我国高校加快科研创新促进人才培养的做法主要有以下几点。

（一）积极鼓励科研实践

各高校鼓励教授、研究生导师尽可能接纳本科生参与科研实践、学术讲座

与学术研讨，指导本科生的课余科技兴趣小组活动；以校内高水平的重点实验室、各学科的科研机构、工程基地为依托，将创新教育融入科研训练、毕业论文、课外活动等教学环节中，提升创新教育的水平；鼓励师生以携手发表论文、申请专利、参与竞赛等方式，提高成果的显示度和辐射效应。

（二）深入推动产学研合作

产学研合作不仅是促进科研成果的转化和加强社会多元主体联系的动力机制，更是创新人才引进和培养的重要途径及实现人才强国战略的动力机制，其主要形式包括：校企自主联合科技攻关与人才培养，共建研究中心、研究所和实验室，建立科技园区实施科学研究与成果孵化等。

（三）大力加强教学科研互动

高校不断以国家级、省级、校级精品课程建设为抓手，及时将科研成果转化为教材和教学内容，如高校哲学社会科学工作者坚持科研反哺教学，将科研理念、科研方法、科研成果引入课堂教学、实践教学、教材（讲义）编写、毕业论文（设计）的指导等融入人才培养环节中，实现了教研互动、教研相长。

（四）搭建学术交流平台

高水平学术讲座活动对学生把握学术前沿、开阔学术视野、提高综合素质具有重要意义。高校积极构建完整的学术报告和讲座制度，通过不断加强品牌论坛建设，开展多种形式的学术活动，繁荣发展校园文化、提升大学生科学素质和人文素养。一些高校经过多年打造，形成独具影响的学术论坛品牌。

第三节　大学生思想政治教育的校园文化实践

一、校园文化的内涵和特点

校园是开展思想政治教育的主要场所，而校园文化则是在教师和学生学习、生活过程中自发形成的一个体系。将思想政治教育寓于校园文化建设之中，既是利用校园文化这一种渠道教育大学生，又是实现这一先进文化同社会主义先进文化更加贴近的举措。

（一）校园文化的内涵

校园文化，实际上就是除课堂之外的所有的与教师和学生相关的教育活动。校园文化是一个内容复杂、形式多变的综合体：思维活动、文化环境、道德关系及人际关系都有可能成为校园文化的一部分，从而直接或间接地对教师及学生产生影响。校园文化是高校不可或缺的一部分，它是在长期教学与实践过程中逐渐形成的、具有自身鲜明特色的标签，更是彰显该校学生思想观念区别于其他学校的重要标志，是学校最生动、最鲜明的名片。

（二）当前高校校园文化的主要特点

随着我国改革开放和全球化步伐的日益加快，随之而来的文化多元化、意识形态多元化、生活方式多元化等，呈现出由"一"到"多"的特点，且当下信息高速传播，渠道日趋丰富，外来文化冲击着原有的文化模式和思维方式，使当下的校园文化呈现出新的特点。

1. 丰富多样的校园文化内容

全球化给人们带来了物质和文化上的极大丰富，新的观念和方法也随着文化一同被注入人们的生活。不同文化之间不可避免地互相渗透、吸取，这种互相吸收和补充，形成了"你中有我，我中有你"的局面。但这也对原有的文化观念提出了挑战。如何做好不同文化的相互融合，作出正确的价值判断，需要较高的判断力和分析力，这对个人素质提出了要求。当前在校的大学生正处在身心快速发展的阶段，他们涉世未深、阅历较浅，对很多社会现象还不能很好地把握，且极容易受鼓动和影响。加上国际上社会思潮的进入，这为大学生的成长提供了机遇的同时，也给各高校提出了如何培养的难题。高校需要提升大学生的文化甄别能力，这样才能尽可能地避免负面效应。

2. 传统与开放的文化理念交融

校园文化作为校园里的一种精神文化，对学生的教育引导功能是十分明显的，因而它必须是在长期的实践检验中不断完善和延续而形成的。校园文化元素本身就包含了相对稳定和传统的成分，在历史的积淀中，逐渐被广大师生所接受，并具有一定的社会影响力。但现代社会、新的文化思潮带来了与许多传统不太相同的理念，若一味地因循守旧，延续陈旧的做法，必然会和学生当下的生活理念发生冲突，容易遭质疑；校园文化必然要兼收并蓄，广泛吸收新文化理念，进行加工改造，以更具时代色彩的新形式出现，从而为己所用。因此，校园文化本身又必然具有一定的开放性，应主动融入大学生的学习生活中去，实现双向互动。❶

3. 多元化的文化选择

当下的文化交融日益增多，学生在校园里接受各种文化气息的熏陶，思维活跃，长于思考，因此不同类型的文化在大学校园里很容易引起共鸣，产生作用。要进行选择，作出适宜的价值判断，学生们必须进行全面的了解，凭借敏锐的观察力，通过缜密地分析，根据自身实际情况做出取舍，这样才能促进个人的健康发展。例如，先前在一些学生中出现的拜金主义、享乐主义等，即是对一些外来文化的盲目追求、片面理解、曲解和误解，形成的一种不良风气。在当前的多元文化背景下，本土文化被越来越多的国外文化观念影响，不能简单地沿用和吸收这些异域文化，而要对其进行甄别。校园文化建设是对学生进行思想引领的重要方面，对学生的世界观、人生观和价值观有着深刻的影响。

4. 创新性的校园文化评价标准

校园文化建设的目的是要实现育人的效果。不同的时代背景和社会需求，对人才的要求也是不同的。学校培育的人才要能适应社会发展、实现自我的完善，因此，育人的理念不是一成不变的，要能与时俱进，适当地进行调整。当今社会，全球联系广泛加强，高新技术快速更新，经济发展日新月异，文化交融错综复杂，这对学校育人提出了更高的要求，要求高校培育出满足社会多元需求的复合型人才。这同时也要求学生要有国际化的视野，与经济全球化、教育国际化和文化多元化等时代特点相适应，全面提升综合素质。因此，校园文化的评价标准也会随之发生变化。

---

❶　郭世德，宋鹏瑶，杨桂敏. 思想政治教育与职业素养［M］. 北京：经济日报出版社，2018.

二、高校校园文化对思想政治教育的作用

（一）校园文化建设是社会主义精神文明建设的重要组成部分

高校校园文化是社会主义文化的一部分，是社会主义精神文明建设的重要内容。在校园文化的建设过程中，确立校园文化之中的共产主义信念，以共产主义信念引导大学生的发展方向。高校校园文化作为我国社会主义精神文明建设的一个重要组成部分，同社会精神文明建设之中的其他优秀文化成分是统一的，因此在高校校园文化之中积极地引入社会精神文明建设的其他优秀成果，使得大学校园文化同其他精神文化引导大学生思想观念的发展，保证社会精神文明建设目标的实现。

（二）校园文化是大学生思想政治教育工作的重要途径

首先，高校校园文化具有追求务实、追求崇高的凝聚力。在当代，这种崇高的精神境界就是"以人为本"的人文精神，"求真务实"的科学精神，"着眼未来"的超越精神和"自强不息"的奋斗精神。正是由这些精神因素的存在，才能聚集成建设中国特色社会主义的共同理想，把师生的智慧和力量团结到构建和谐校园的共同事业之下。

其次，校园文化对大学生具有重要的教育导向作用。正是通过校园文化丰富多彩的方式，让大学这个特殊群体的人们都得到了一种文化品位的熏陶和大学精神的培育，从而形成了志存高远、爱国敬业、为人师表、教书育人、严谨笃学和与时俱进的优良教风；勤于学习、奋发向上、诚实守信、敢于创新的良好学风；以及崇尚科学、严谨求实、善于创造的具有时代特征和学校特色的良好校风。正是具备了优良的教风、学风和校风，大学文化才能够实现培育、塑造人的作用。促进人们自觉追求和谐相处，大学生才会从这种教育的耳濡目染中感悟到社会主义、爱国主义和集体主义教育的真谛。

最后，校园文化具有源源不断的创造力。大学作为思想最活跃、最富有创造力的地方，以及新知识、新思想、新文化的策源地，其创造力主要来自担当社会责任的知识分子群体追求真理、体现公平正义的社会理想，他们发挥着文化对社会进步的强大影响作用。

文化可以作为一个维系民族、社团、集体的共同价值取向，使更多的大学生在对这一共同认知的追求中，走向"真、善、美"。

（三）校园文化建设有利于提升青年大学生的素质

大学生主体的全面自由发展是高校校园文化建设实践中的价值目标。在校园文化建设之中，大学生承担着主客体合一的身份。校园文化为大学生借鉴他人经验进行自我教育提供了一个良好的场所，因此从这个意义上说，校园文化是基于大学生的自主选择性的大学生的自我教育。因此，在校园文化建设的过程中，各级领导部门要坚持弘扬主旋律，要对大学生进行世界观、方法论的教育，提高他们分辨是非的能力，自觉抵制不健康文化的影响，为青年大学生的全面发展提供更为广阔的空间。

三、校园文化的建设途径

（一）遵循校园文化建设原则

1. 坚持主旋律与尊重多样性的统一

大学是人类文化传承、创新与发展的重要基地。大学不但要传承和创新知识，更要熔铸、守望人文精神，肩负起文化传承的历史使命。校园文化建设是实现这一使命的必然途径，是学校精神文明建设的重要基础和重要前提。

学校必须建设一个文化层次较高的校园文化环境，传承大学精神，使广大青年学生能养成良好的思想道德品质。党的十四届六中全会提出的社会主义精神文明建设指导思想中，提出了"以科学的理论武装人，以正确的舆论引导人，以高尚的精神塑造人，以优秀的作品鼓舞人"的理论指示。这就要求校园文化建设必须坚持正确的政治方向、价值导向和审美导向，贯彻党的基本路线和教育方针，高扬社会主义、爱国主义和集体主义主旋律。

当今社会处于文化"井喷"的时代，各种类型的文化层出不穷，相互交融，并得以发展。随着社会这种发展趋势，社会发展必将呈现出更大的开放性和适应性，文化多样性将成为一种必然趋势。历史无数次证明，保守和封闭只能走向停滞和僵化，建设高水平的校园文化必须使校园与社会"联网"，走开放之路，尊重主体多样性的发展。

当然，尊重校园文化的多样性也不等于忽视主旋律建设的精神引领作用。文化主旋律和文化多样性是相互促进的关系，也就是必须坚持主旋律与尊重多样性的统一，这才是对校园文化建设应该持有的态度。

2. 坚持积淀传承与创新发展的统一

文化是历史形成的。不经过一定的历史积淀和传承，文化的优秀品质难以体现。在学校长期发展的历史积淀中形成的、具有相对稳定性的文化传统意识是现代校园文化传统中最宝贵的部分，是大学生抵抗挫折、谋求发展的顽强生命力的底蕴所在，是一所学校的灵魂，是一个学校精神与氛围的集中体现，也是学校赖以生存的根基，更是学校可持续发展的精神动力，对于稳定大学的风格和水准具有至关重要的作用。

大学能够得以持续健康发展的推动力源自优秀的学校校园文化。学校校园文化的建设与创造，既是一个继承、借鉴、创新的综合过程，也是一个德育与智育、科学与价值及人与人相互作用、相互促进的复杂过程，需要精心构建，要在理念上精心提炼，在实践中长期培育。传承学校的特色与优势文化依靠的是学校师生的共同努力与不懈创造。

3. 坚持立足国情与面向世界的统一

面对经济全球化的挑战，校园文化不能回避，而应积极主动地融入世界大潮之中，通过与大风大浪的搏击，使自己的羽翼逐渐丰满，从而实现国际化与民族化的统一，实现自身的完善和发展。

从根本上说，对待面向世界和立足国情的态度与我国对外来文化和传统文化的态度是完全一致的。对外来文化和传统文化，校园文化的基本原则是采取分析、辩证的态度，积极利用其合理成分，并结合具体情况加以批判继承、消化吸收。因此，这也是我国在看待面向世界和立足国情时的总方针。但长期以来，校园文化在实际发展中，往往偏离或忽视了这个方针，完全凭主观臆断，感情用事，这是制约校园文化发展的重大问题。

（二）加强组织领导建设，完善校园文化建设机制

1. 加强组织领导

所谓大学校园文化建设的合力与共谋，除了内部合力问题，对于外部应该从两个方面予以考察：一方面强调大学校园文化建设要与外部环境相适应，另一方面还要强调外部环境促进大学校园文化的建设与发展。

在大学校园文化建设方式中，政府可以从自身职能出发，利用间接的宏观管理方式促进其建设发展。具体方式包括以下四种：一是政策方式，即通过制定相关政策来引导学校进行文化建设的行为；二是经济方式，即在拨款、资助、投资、奖励和招标等教育经费分配过程中通过合理的倾斜来调整提高文化方面的投入；三是信息服务的方式，即通过提供信息服务来使学校有选择地决策自己的行为；四是监督评价方式，即政府教育部门通过检查、鉴定、评估等活动来对文化建设情况进行检查监督。只有内外兼修，调动多方面的积极性，才能整合资源，凝聚力量。❶

2. 完善校园制度

大学校园文化需要制度框架的支撑，大学校园文化是娇嫩的花朵，高贵的理念也只有在与之相容的正式制度下才能存在并得以发扬。因此，只有完善各项制度措施，大学校园文化的凝聚力和创新力才能竞相迸发，大学校园文化才能卓尔不群、历久弥坚。

具体来说，各项制度措施的完善必须着眼于以下几个方面。

第一，在起点上，一项制度措施的制定与完善首先要建立在民主和法制的基础之上，反映在大学校园文化中，就是依法治校和民主管理，有这样一个逻辑前提，才有可能营造一个宽松和谐的学术环境，发扬批判和独立的精神，鼓励教师进行开创性的研究。

第二，在转变学校行政职能方面，要更多地体现"精神性"而非"物质性"，"全员性"而非"科层性"，加强教授治学、教师参与学校学术事务管理的权力，唯有如此，学术权力才能超越行政权力。

第三，各学科的高度交叉和融合是当前全球语境下学术发展的必然选择，因此，要改革现有的学科和科研管理的组织模式，不断地提高大学的学科和科研的管理水平，以更好地适应现代学科的发展，促进学科的交叉和科技创新。

---

❶ 郭世德，宋鹏瑶，杨桂敏. 思想政治教育与职业素养［M］. 北京：经济日报出版社，2018.

（三）加强校园物质文化和精神文化建设

1. 校园物质文化

建设校园物质文化主要是指学校的基础设施建设。一所好的高校一定是拥有良好校园文化精神的学校。在物质文化层面，就是校园整体布局科学、合理，注意校园绿化建设，体现人文关怀，教学区、实验区、宿舍区、活动区等建设合理协调。高校可以利用公共场所的名人雕塑，陶冶大学生日常的精神生活，因为这些标志性建筑能够体现"真""善""美"的价值理念；可以将名人名言张贴于公共场所或室内。同时，高校的校广播电台、校内网络、校报、校刊、校电视台也应大力宣传社会主义核心价值观，使学生在潜移默化中受到社会主义核心价值观的教育。总之，高校要加大对校园文化"硬件"设施的投入，充分利用好校园中的各种文化载体，增强大学生思想政治教育的影响力和辐射度。

2. 校园精神文化

校园精神文化是大学的内隐文化，是在长期的校园物质文化、制度文化创造过程中积淀、整合和提炼出来的。校园精神文化包括学校所有成员的群体意识、舆论氛围、精神风貌、人生态度、心理素质、价值取向、人际关系、思维方式和教风学风等。高校要通过大学精神来体现出大学生思想政治教育的目标。在具体实施上，高校可以将道德教育体现在校训、校歌、校徽、校标上，以一种奋发向上的精神鞭策大学生、激励大学生，这同时促进良好的校风建设。高校要使大学生形成自我教育的习惯，就要尊重学生的首创精神；要使民主之风在学校中蔓延，就要完善评价激励机制，高调表彰先进、树立典型，使良好校风浸染每个大学生的心灵。

（四）加强对优秀传统文化和西方文化的吸收和借鉴

1. 积极地弘扬传统经典文化

中国传统文化，指的是以中华文化为源头、中国境内各民族共同创造的、长期历史发展所积淀的文化。积极弘扬传统经典文化，首先，必须要坚持马克思主义的指导地位。马克思主义理论是指导中国特色社会主义建设的理论基础，为我党代表先进的文化指引了方向。因此，我国高校校园文化建设中必须坚持马克思主义的指导地位不动摇。在新时期，坚持马克思主义的指导地位，就是要用社会主义核心价值观教育人民，在社会中形成共同的理想追求和精神支柱。

其次，应传承和发扬中华民族的优秀传统文化和民族文化。民族的就是世界的。中华文化作为世界文化的重要组成部分，自身的繁荣发展是世界文化繁荣发展的根基，中华文明的发展进一步促进着世界文化的发展。除了营造良好的传统文化教育环境，借助现代各种媒介进行大力宣传，积极地引导他们学习、了解传统文化的相关内容，高校还应帮助大学生提高对中国传统文化和历史知识的重视程度，从而更好地把自己塑造为适应社会和时代前进需要的复合型人才。

2. 吸取、借鉴西方文化的精髓

高校校园文化建设应注意帮助大学生树立正确的民族意识与国家意识，对本民族和民族文化保持高度的自豪感和自信心，同时引导学生正确认识西方文化，避免大学生对西方文化的盲目崇拜。

第一，建立现代大学制度，形成与国际接轨的大学管理体制。

第二，加强学生的各种国际交流，开展各种国际学术交流与合作。我国高校应进一步适应自身国际化的发展需求，努力创造条件增加出国留学和来华留学的人数，有效地创造我国高校学生到国外学习的机会，增加出国留学的人数。面对国际化的迅速发展，我国高校校园文化建设的另一个非常重要的任务和内容是，要大力加强国家间的交流，在国家间进行合作研究。这一方面有助于我国高校校园文化建设、培养国际化的人才；另一方面也将强化我国高校的国际学术研究。

第三，吸取西方文化的精髓。高校校园文化建设应在各种国际交流活动中，注意剔除西方文化的糟粕，把握其精髓，并将之贯穿于校园文化建设之中，与传统文化交叉融合，相互补充、相得益彰，培养学生更加健康的人格和素质，以充分发挥高校校园文化的教育功能。

第六章　将美育融入大学生思想政治教育的研究

高校美育与思想政治教育拥有着相同的教育目标，两者相互融合、相互融通，具有鲜明的契合性、合理性。高校要构建协同育人共同体，积极推动大学生思想政治教育与美育深度融合，并且使二者能够互相促进，形成全员、全程、全方位育人格局。所以，将美育融入大学生思想政治教育也是比较重要的。

第一节　美育的概述

一、美育的内涵

学术界一般将德国伟大诗人席勒的名著《审美教育书简》的发表作为美育独立学科诞生的标志，席勒在其《审美教育书简》中第一次提出了"Aesthetic"的概念，20 世纪初，王国维将其翻译为"美育"，这是美育概念在中国的正式提出。但是对美育的界定，国内美学界、教育界迄今却无定论，在关注点上仍有争议。究其原因，主要是以下几个不同的方面，形成了美育理解的不同观点。

（一）美学理论的教育

持"美学理论的教育"观点的学者认为，美育主要是对受教育者进行美学理论和美学知识的教育，以提高人们的美学素养和审美能力。例如，陈友松指出"美育也称为美学教育"❶；彭若芝认为，"美育是指教育者引导学生掌握系统的美学和有关学科（哲学、教育学、文学、心理学、生理学等）的基础知识，培养学生感受美、鉴赏美、表现美和初步按照美的规律创造美的能力，以及促进形体美、陶冶审美情操、具有创造才能，树立审美理想而采取的一整套'以美育人'的综合教育措施"❷。

（二）艺术教育

"艺术教育"的观点在美育史上的影响最深远、最持久。持这种观点的学者认为，美学是关于艺术的科学，它的研究对象主要是艺术，因此作为美学理论具体实践和最后归宿的美育，自然是艺术教育。比如，《现代汉语词典》中对美育的解释是"美育是以培养审美的能力、审美情操和对艺术的兴趣为主要任务的教育"❸。滕守尧也认为，"美育就是按照审美规律进行的艺术教育和通过艺术进行的其他各种教育"❹。

（三）美感教育

西方美学界一般认为美感具有两层含义：一是指美感能力，即鉴赏力、审美能力，也就是所谓的"趣味"；二是指美感经验，即审美经验。美感教育（简称美育）就是通过美感来进行的教育，或者说美育是通过对美的事物或现象的感知、感受、感动而进行的教育。仇春霖也说过："美育是通过审美活动有意识、有目的地提高人们的审美能力和审美情趣，培养崇高的审美理想的教育。"❺王道俊、郭文安主编的《教育学》中美育的定义很明确"美育又称审美教育，是运用艺术美、自然美和社会生活美培养受教育者正确的审美观点和感受美、鉴赏美、创造美的能力的教育"❻。

（四）情感教育

情感教育论者认为，美育作为一种教育的特殊内容和形式，"它通过借助

---

❶ 陈友松. 当代西方教育哲学［M］. 北京：教育科学出版社，1982.
❷ 彭若芝. 浅谈美育的涵义、特有任务及效应［J］. 教育评论，1988（1）：67-68.
❸《现代汉语词典》编写组. 现代汉语词典［M］. 北京：外文出版社，2013.
❹ 滕守尧. 创生性艺术教育引论［J］. 贵州社会科学，2018（8）：94-95.
❺ 仇春霖. 审美文化与审美设计［J］. 美与时代，2004（4）：4-5.
❻ 王道俊，郭文安. 教育学［M］. 北京：人民教育出版社，2009.

美的形象的教育手段（包括自然美、社会美和艺术美）达到培养人的崇高情感的目的"，或者说"美育根据受教育者的审美心理特征，实施有针对性的教育，以陶冶受教育者的情感和心灵"。

我国近现代美学家王国维和蔡元培都提出了情感教育论。王国维在《论教育之宗旨》一文中站在培养"完全之人物"的高度对美育的作用做了深入的阐述："教育之事亦分为三部：智育、德育（意育）、美育（情育）是也。三者并行而得渐达真善美之理想，又加以身体之训练，斯得为完全之人物，而教育之能事毕矣"。❶

唐钺在为1930年商务印书馆出版的《教育大辞书》撰写的《美育》条目中给美育下的定义是："美育者，应用美学之理论于教育，以陶养感情为目的者也"，他认为情感是人与生而备的，如果不能得到很好的开发就会被遗失，美育就是在启迪、唤醒、找回人内在深厚的挚情。美育通过各种美的形象诉诸人的心灵，触动人的情感，从而陶冶人的情操，人人都有感情，而并非所有人都有伟大而高尚的行为，这是因为感情推动力都是薄弱的。要转弱而为强，转薄而为厚，有待于陶养。陶养的工具，为美的对象；陶养的作用，叫作美育"。❷

（五）德育的辅助手段

很多学者，特别是国内学者非常强调美育的德育辅助功能，并把美育作为德育的辅助手段。肖敏站在德育的角度指出，"美育是德育的辅助手段，美育是德育的一个门径"。❸ 赵伶俐也认为，"美育是通过各种美的事物培养学生的审美感知力、审美理解力、审美评价力和审美创造力，同时有助于培养良好的人格品质和启迪智慧的一种教育活动"，❹ 彭锋强调，"美育是通过以审美和艺术为中心的知识传授和技能训练为手段，以人生态度和改善人生境界的提升为目的的综合教育形式"。❺

---

❶ 王国维. 论教育之宗旨 [J]. 中华活页文选（教师版），2018（6）：25-26.
❷ 唐钺，朱经农，高觉敷. 教育大辞书 [M]. 北京：商务印书馆，1930.
❸ 肖敏. 浅析德育和美育的关系 [J]. 科教文汇（上旬刊），2012（34）：143-144.
❹ 赵伶俐. 审美化教学的课堂操作 [J]. 四川教育，2000（12）：38-39.
❺ 彭锋. 美在意象——叶朗教授访谈录 [J]. 文艺研究，2010（4）：63-64.

（六）"全面育人"的教育

"全面育人"的教育是近几年兴起的一种说法，比如，李戎提出，"美育从根本上讲是一种对人的全面教育，是为实现崇高的理想，充分发挥人的潜能，实现人的全面发展的教育方式。具体地说，它通过文学艺术和其他审美方式来打动人的感情，使人在心灵深处受到感染和感化，从而使人的感情得以升华，情操得以陶冶，审美能力得以提高，人的身心结构更趋完美和谐，德智体美全面发展"。❶ 赵伶俐认为，"美育是有目的、有计划、有组织地通过各种美的事物，培养学生的审美欣赏、审美表现、审美创造能力，同时促进他们德智能体美劳等素质全面和谐发展的教育"。❷ 仇春霖更是直接地表明，"美育是人类美化自身的学科，其设立的目的是促进人的全面和谐的发展"。❸

总的来讲，不同学者对美育概念进行界定时视角各有不同，比如，有的关注内容和手段（美学理论、艺术教育），有的关注目的（美感、情感、德育、全面育人）；有的关注美育内部（美学理论、美感、情感），有的则关注美育与外部的关系（艺术教育、德育、全面育人）。它们都有一定的道理，但也都存在一定的局限。甚至同一位学者在不同场合给出的对美育的界定也不完全相同，由此反映出美育的内涵具有复杂性、多面性，以及对美育概念进行界定的难度，对于美育的内涵来说，可以将美育的主要性质总结为以下几点：

（1）美育是实现全面育人的一种独立的途径和手段，它与德育的关系最为密切，但并不是德育的附庸。

（2）美育的主要理论基础是美学、教育学和心理学原理。

（3）美育的直接目的是培养人的审美意识、审美趣味和审美理想，以及感受、辨别、欣赏和创造美的能力。促进人的全面发展是美育的根本目标。

（4）美育的内容和途径是多种多样的。艺术教育是重要手段，但美育并不等于艺术教育。

---

❶ 项贤明．美育概念的理论解析与实践反思［J］．中国教育科学（中英文），2022，5（2）：33-34.
❷ 赵伶俐．审美化教学的课堂操作［J］．四川教育，2000（12）：38-39.
❸ 仇春霖．审美文化与审美设计［J］．美与时代，2004（4）：4-5.

二、高校美育的特点

（一）更大的自由性

向往自由、追求自由是人的天性。但是，作为"社会关系总和"的人，更要受到政治、经济、道德、法律等多种因素的限制和束缚。最早提出美育这一概念，并予以理论阐述的西方美学家席勒在他的《审美教育书简》中反复论述了自由与审美的关系。席勒认为，受自然力与物质需要支配的"感性的人"是不自由的人，只有能够自由地、充分地发挥个人意志的拥有完美人格的"理性的人"才是自由的人。怎样才能使受自然力与物质需要束缚的"感性的人"变为自由的能充分发挥个人意志的、有完美人格的"理性的人"呢？唯一的途径就是进行审美活动，审美是沟通二者的桥梁。

席勒说过："若要把感性的人变成理性的人，唯一的路径是先使他成为审美的人。"这是因为美能够"把自由完全还给人"，"正是通过美，人们才可以走向自由"。人们是自由地观赏事物的"外观"，这种"外观不涉及人们实际的物质利害，也不涉及某种抽象的政治、伦理观念"。席勒解释说：当人们能够欣赏事物的"外观"时，就进入了审美境界，人也就"卸下了身上一切关系的枷锁，摆脱一切无论是身体还是道德的一切强制力量"。席勒在研究了审美与自由的这种内在联系后指出：人类的审美活动一种无为而为的自由欣赏，因此，通过自由给予自由，这是审美王国的基本法律。审美活动从本质上说，是主体摆脱了种种精神枷锁获得自由之后引起的一种精神愉悦的状态。

以审美活动作为中介的审美教育活动，即美育，就是通过受教育者对美的这种"无为而为"的"自由欣赏"，而让受教育者获得自由的，即获得个性的解放，人性的弘扬，心灵的净化，人格的提升，精神的愉悦。究其实质而言，美育是一种地地道道的自由性教育。自由既是审美王国的"基本法律"、基本原则，又是审美教育活动的"基本法律"、基本原则。而高校特征使美育自由性更加充分，从而更加有利于美育的实施。具体表现为以下三个方面：

1. 高校美育有更大的选择性

自由教育首先要具有选择的可能。基础教育是义务教育，这意味着受教育权利、教育内容等方面的强制性，学生学习内容选择的自由度不大，应试教育背景使得美育的内容和途径过于狭窄，仅限于音乐课和美术课，而且这两门课程还常常得不到保障。而高校是在基础教育基础上的一种发展性和专业性教育，没有升学的压力，学生学习内容的选择性也就比较大，有更多的机会接触广泛的美育内容，进行自主选择和自主学习。

2. 高校美育有更加充足的时间保障

自由教育的前提之一是时间保障，目前基础教育课程内容较多，课程表安排得很满，学生忙于完成安排的课程学习及其相关任务，很少具有自我支配的时间。而高校课程的安排弹性较大，学生拥有较多能够自由支配的时间，可以在一种"非功利"的心态下安排自己的学习。在这种情况下，美育的自由性能够得到较为充分的发挥。

3. 高校美育有更充分的资源

自由教育还需要充分的资源保证，如果仅仅有选择的可能和自由支配的时间，也无法实现"无为而为"的"自由欣赏"。基础教育紧紧围绕着传播人类文化和科学基础知识的任务，提供的学习资源比较狭窄。而高校不仅拥有藏书丰富的图书馆，还有与其他高校研究机构的广泛合作，大批学有专长、知识渊博的教师队伍，丰富多彩的文体艺术活动和学生社团组织，这些都保证了学生能够得到充分的教育。

（二）更强的个性化

随着市场经济的逐步建立和完善，社会的经济成分变得多样化，人们的价值观念也逐渐多样化，作为具体的人也必然会呈现出更加个性化的趋势。在个人守法、遵守社会公德的前提下，整个社会必然会更加尊重和保护个人的个性。比较一下美育和智育、德育、体育的区别，可以看出，它的对象的个性化趋势更为明显，因为智育的内容一般表现为前人已经发现的并已实践证明是科学的东西，对学校教授课程的内容通常没有什么更多的争议，学习成绩也比较容易测定；德育的政治标准、法律标准、道德标准也是比较明晰的，而且其底线应该对所有人是同样适用的；体育的基本要求是使学生具有健康的体魄，这一个要求，具体到每一个学生就是他们可以有自己的爱好或专长，但对健康的体魄这样一个总的要求，也不会有更多的其他解释。美育则不同，你可以要求每一个受教育的对象遵守法律和社会公德，但是你无法要求他们按照统一的答案对大千世界的纷纭万物做出千篇一律的回答。

对什么是美、怎样审美、如何创造美，可能每个人都有自己的理解、角度、偏好和目标，每个人在被进行美育的同时，都还在创造着他所认为的美，在这一过程中，他既影响着别人，也受着别人的影响。所以，美育更要尊重教育对象的个性化，更要注意教育者和被教育者之间的互动关系。学校美育要注意教育对象的个性化，这是一个普遍规律，但作为高校来说，这种个性化的表现尤为突出。

大学生心理发展特点决定了他们的个性追求和高校美育明显的个性化特征。随着年龄不断增长，学生的自我概念逐渐形成，在各个阶段都表现出不同的自我意识水平和个性化追求。小学低年级学生还没有形成自我意识，往往将教师的要求和认可作为自己的标准，表现在把教师的话作为"圣旨"执行；而到了小学高年级和初中阶段，学生开始形成由同学组成的小团体，形成一种亚文化，这种小团体的标准与追求往往成为自己思想的重要因素；到了高中阶段，随着知识、经验的增加，以及身心的逐渐成熟，学生自我的意识开始真正觉醒，逐渐从依赖外部评价到关注自我评价，表现出对个性的初步有意识的追求；到了大学阶段，这种对个性的追求变得更加明确。在这种状态下，尤其要考虑学生对美的个性化感受，尊重学生的美感差异，建立个性化的美育目标体系。

高校培养和管理模式使大学生具备了追求个性的基础，也使得美育有了追求个性化的可能。虽然学生在高中阶段便已经有了自觉地追求个性的意识，但是高中阶段繁重的学习任务和升学压力，相对固定的课程设置和严格的管理模式使这种追求难以实现，直到大学阶段，没有了升学压力，增大了学生自由选择的空间，这种追求才成为可能。同时，为美育提供了个性化的基础。高校提供了追求个性的资源和空间，也使得美育的个性化能充分体现出来。追求个性需要按照自己的想法去做，高校丰富的美育资源（人力、信息、设施）和学生自由选择资源的可能性，使得高校美育更能照顾到学生的个性化要求。

（三）更鲜明的时代性

美育作为系统的教育活动，尤其是在如今这样一个具有鲜明时代特征和全民性的网络时代，当时代背景发生变化的时候，其本身构成因素必然会发生调整和变化。21世纪的高校应该体现这样一种教育理念：体现时代精神、适应时代要求、紧跟先进文化方向。美育必然时代化。而面对时代骄子——最有思想和最富有朝气与活力的大学生，无论是美育内容还是方法都更要体现时代性。

一般来说，在对美的认识和美育的标准问题上，传统的积淀是非常浓厚的，它的力量也是非常之大的。但是随着社会的进步和社会的不断发展，这种传统的积淀又时时受到新的认识和新的标准的冲撞。其中，在许多方面和许多地方，这些新的认识和新的标准又表现为对传统的反抗和否定。例如，"时尚"是社会上一部分人对现在美的一种认识、一种追求、一种创造，追求"时尚"可以在一个时期成为相当一部分人的一种带有强烈相互影响作用的行为，使人们不得不承认、不得不认可，进而演化为一种"时髦"。而大学生是追求时尚的人群中最狂热、最执著的代表。但深入分析后又不难发现，表面上传统和时尚的相互对立和否定，并未排除它们两者的互相影响乃至兼收并蓄。因此，简单把传统的东西作为衡量美育的尺度是不对的，这一点大多数人都容易承认；同样，简单地把"时尚"作为衡量美育的尺度也是不对的。美育的时代性总是在对传统和时尚的不断扬弃中得以实现的。这也正说明，高校美育必然结合时代特征进行。

第二节　美育融入大学生思想政治教育的相关理论

一、中国传统的美育思想

（一）中华优秀传统文化中的美育思想

中华优秀传统文化蕴含着丰富的美育思想。儒家学派的代表"孔子"和

"孟子"提出的"诗教""乐教"理论都具有早期的美育思想，儒家是以"仁"为核心，着重教化人的自身内在修养。

1. 中国传统文化中"礼"与"乐"教化的思想

早在三千多年前的商周时期，中国古代"礼乐"教育就出现了，那时人们就注意到"礼乐"活动能够培养人的心性修养，最早发现美育在培养人方面的重要性。中国传统文化中的美育思想着重体现"礼乐教化"的作用，强调美与善的和谐统一；"礼乐教化"在中国古代是非常悠久的历史文化传承，后经逐渐演变成一种带有政治色彩的文化制度。《尚书·舜典》对"乐教"进行了详细的记载，此后逐渐形成社会活动的"礼"与"乐"相辅相成，变成了"礼乐教化"。《吕氏春秋·适音》指出，"故先王之制礼乐也，非特以环耳目、极口腹之欲也，将以教民平好恶，而返入道之正也"。❶ 这句话说明了区分好与恶的事物及道理仁义之教，其中就蕴含着朦胧的审美意识。此外，中国古代学校的传统课程六艺，包括"礼、乐、射、御、书、数"，其中"礼"就是用来教导和规范学生的社会行为，就是所谓的"修身"，而"乐"是用来培养学生的美感情操的，这就是所谓的"修心"，"礼"与"乐"分别排在前两位，足以看出它们的地位。礼、乐是中国传统文化中的美育思想源头，包含着最早的美育思想。中国古代的"礼乐教化"作为文化传统，具有独特的价值参考意义，值得学习和借鉴。

2. 儒家美育思想

首先，儒家学说特别注重个人的道德行为，注重人道、天道的互通，儒家思想的核心是"仁"。儒家思想的代表人物孔子强调以诗歌和音乐作为教学方法对被教育者进行灌输，即通过艺术的手段促进道德教育的培养。从"兴于诗，立于礼，成于乐"这句话可以看出，孔子是以人的自身修养来谈论诗和乐的，他认为诗歌可以给人带来听觉的美感，也可以感悟向善的真理，从而提高人们的仁爱。❷ 其次，他也认为音乐的优雅美妙之美同样能够感化人的内心，让人去掉恶习，养成良好的思想道德，当时礼乐也是君子必修的内容，这

---

❶　尤西林. 美学原理（第2版）[M]. 北京：高等教育出版社，2018.
❷　孔子. 论语 [M]. 北京：北京纺织出版社，2015.

些都足够说明中国的传统文化已经具有混沌的美育思想。最后，儒家学派的另外一位代表人物孟子，他的美育思想也涵盖在他提倡的政治、教育和人性思想当中。孟子主张自身的发展，强调主观能动性的重要，他的美育思想是以"性本善"为基础的论断。从"人性之善也，犹水之就下也，人无有不善，水无有不下"这句话可以看出，他强调人生下来就是善良的，每个人都具有善良的品质，但是并不是所有人天生就拥有完美的道德，所以人还需要接受教育完善自身，修身养性。

此外，孟子的美育思想也非常注重人格之美的培养。《孟子·尽心上》中提到："君子有散了，而王天下不与存焉。父母俱存，兄弟无故，一乐也；仰不愧于天，俯不怍于人，二乐也；得天下英才而教育之，三乐也。"❶这里特别强调了真正的快乐是超越官职和欲望的，超越物质利益的，呈现的是一种毫无压力的自由之美。由此看出，中国传统文化的美育思想不仅重视道德、品质的养成，也看重情感、性格的塑造，这其中蕴含的就是丰富的美育思想。孔子与孟子论人性总是从"仁""义""善"的角度出发的，属于伦理道德的情感教育，与礼教并行，着重道德人格的塑造。因此，中国传统文化中的美育思想更注重被教育者的行为规范，而不侧重个人的情感能动和情感表现。

（二）中国近代学者的美育思想

中国近代的美育开始逐渐发展。纵观封建社会的美育思想都是从伦理道德角度进行教育的，并不能算真正的现代美育，真正的美育出现于近代。

第一，梁启超是美育教育的启蒙者，虽然他并没有正式提出"美育"一词，但是他具有浓厚的美育意识。他很重视"美"对教育产生的作用，并且认为"美"在人的日常生活中是不可缺少的要素。同时，他也认为艺术对美育能产生重要的影响，认为文学是人的一生必不可少的"艺术"。❷

第二，王国维进一步加强了对美育的研究，他将美育与德育、智育、体育放在同等地位，首次把美育从教育学的角度进行了阐述。他强调培养身心的全面发展，包括身体教育和心理教育，强调培养人要注重身体健康意识和心理教

---

❶ 王其俊. 孟子解读［M］. 济南：泰山出版社，2004.
❷ 梁启超. 中国美学资料史选编［M］. 上海：上海远东出版社，1997.

育。在心理教育方面强调要注重美育与德育、智育、体育互相结合的整体性。他认为美育的目的就是为了超越世俗的束缚，培养人们的精神自由和性格完美，一个全面发展的人就必须达到真善美的统一，这才是人格中的最高境界。❶

第三，蔡元培将中国近代的美育开创了一个新局面，1917 年 4 月，时任北京大学校长的蔡元培于北京神州学会发表《以美育代宗教说》，正式提出一个著名的学说——"以美育代宗教"。这个学说包含着美育思想，强调了美育中的艺术所产生的作用，也揭开了人们思想的蒙昧和知识的狭隘。他认为宗教的起源是由于人们思想的蒙昧和知识的狭隘，是用来消除人们对世界的未知与恐惧，慰藉人们的感情的。但是，随着社会的进步和发展，科学逐渐取代了宗教，唯独情感并没有消失，而宗教的美感不是纯粹的。❷ 因此，蔡元培提出了"以美育代宗教"这一观念，他的这一思想是为了帮助人们摆脱封建迷信的束缚，科学地面对生活。他认为审美是人的本性，是人发展的内在需要和必然结果，强调美育对整个社会，乃至整个人类文明发展的意义。

二、马克思美育思想

马克思和恩格斯在指导无产阶级解放运动中，不断地通过实践和经验总结，不仅从哲学角度作出了正确的阐释，而且对美育作出了科学的阐述。马克思、恩格斯在他们倡导的人全面自由的发展理论及相关著作中都蕴含着科学性和系统性的美育思想。

第一，从美育的本质方面，马克思认为"劳动创造了美"。美育的本质就是在将批评归结为精神或者物质观点的基础上，认为美是人类社会活动实践所创造的产物。马克思认为，"动物只是按照它所属的那个种的尺度和需要来构造的，而人却懂得按照任何一个种的尺度来进行生产，并且懂得处处都把固有的尺度运用于对象；因此，人按照美的规律来构造"。这是指审美教育是"按照美的规律来构造"的一种教育。同样，恩格斯也认为，劳动如果能带给每

❶ 聂振斌. 王国维美学思想研究［M］. 北京：商务印书馆，2012.
❷ 蔡元培. 蔡元培美学文选［M］. 北京：北京大学出版社，1983.

个人全面发展和表现自我的全部，也就是给予展示体力和脑力的条件，那么，劳动就从奴役人变成了解放人，劳动也变成了快乐而不是痛苦。可见，马克思、恩格斯认为解放人的方法就是劳动，劳动不是束缚人的枷锁，只有使用其自由审美的属性时，人的个性才能得到全面的发展。

第二，从美育的目标方面，马克思、恩格斯提出人的全面发展理论。马克思认为："人的本质不是单个人所固有的抽象物，在其现实上，它是一切社会关系的总和。"❶ 从这个角度看，所有的美育教育都是为了提升人类的发展进程，而共产主义以培养出一种全新的人为社会服务为目标。马克思、恩格斯虽然没有直接提出"美育"，但是从马克思、恩格斯关于培养全面发展的一代全新的人这种观点，足以见得人的全面发展的学说为未来美育目标的方向提供了科学指引。

第三，从美育的实践方面，马克思、恩格斯通过评析大量文艺作品和思想，助推无产阶级自身的尊严和力量，实现自身的价值和使命。他们认为，人类通过审美实践活动从中获得的感悟及理论成果可以一代一代地传承和发展，通过这种活动认识世界并且改造世界，提升无产阶级的艺术感受能力和创作能力，是"艺术地把握世界"的有力途径。除了音乐、绘画、艺术欣赏、参展艺术场馆等这些传统的艺术活动，马克思、恩格斯也主张人们体验群众运动的强烈感情，通过社会实践斗争获得深刻的美感和心灵的洗涤。

三、当代美育思想

中国共产党人非常重视美育的发展，重视大学生思想道德素质和审美素质的培养，培养全面发展的人以推动中国特色社会主义事业的发展。此外，中国共产党人的美育及思想政治教育的思想不仅推动了马克思主义美育观的完善和发展，也为美育融入大学生思想政治教育提供了科学的指导。

随着新时代中国特色社会主义的不断发展，党对美育的发展现状产生了新的认识。以习近平总书记为核心的新一届中央领导集体从发展战略的高度出发，重视美育建设，结合我国的实践经验与新时代美育理论的结合，提出了新

---

❶ 马克思.1844年经济学哲学手稿［M］. 北京：人民出版社，2014.

时代中国特色社会主义美育的理论。

第一，提出美育对人们审美能力和人文素养的提高具有重要作用。党的十八届三中全会《中共中央关于全面深化改革若干重大问题的决定》明确提出了"坚持立德树人""改进美育教学，提高学生审美和人文素养"的要求，这体现了习近平总书记对审美教学的发展和个人审美素养的提高方面的重视。

第二，坚持以美育人，弘扬中华美育精神。

第三，坚持党性与人民性相互交融是美育应遵循的基本原则。这就是指要坚持以人为本的原则，坚持党性与人民性相融合，既体现了崇高的党性原则，也突出了人民群众的重要地位，是新时代中国特色社会主义思想政治教育中的美育应遵循的基本原则。在国际国内的新形势下，为实现中华民族伟大复兴的战略，以习近平总书记为核心的党中央也开始从思想层面和实践层面统筹规划我国的美育工作，切实推动美育工作的发展。

四、西方学者的美育思想

（一）西方古代的美育思想

古希腊时期的"美"通常被定义为"和谐"。柏拉图认为，艺术教育是"培养城邦者不可或缺的手段"，美育可以让人保持心灵和身体的和谐优美的统一。此外，他特别看重音乐对人的教育，他认为，"受过音乐教育的人，可以锐利地分辨出艺术和自然中的疏忽和缺陷，并能以一种真正的鉴别力赞美或喜欢那些善的东西，吸收到自己的灵魂中去，从而使自己更善更高尚"。用美育来实现"更善"，用艺术美让人们把美融入内心当中。❶ 他的学生亚里士多德认为，"美是一种善"，不仅要把美和善统一起来，还应该把美育和德育统一起来。

（二）西方近代的美育思想

早期的文艺复兴时期，人们更加注重生活之美、自然之美及艺术之美，美育因此有了更进一步的发展。意大利教育学家维多利诺的办学理念是投身于国家建设的青年应注重培养他们的综合发展，包括精神、身体和道德三个方面。

---

❶ 柏拉图.理想国［M］.吴献书，译.北京：商务印书馆，1959.

他认为德育、体育、智育和美育都是不可或缺的，并开始注重全面教育的发展。启蒙运动时期，卢梭的主张也是强调美育的作用。他认为自然美对人具有重塑的作用，可以恢复人类丧失的天性和曾经的美好情怀。18 世纪末，受到法国大革命的影响，这个时期的人们倡导个性的解放，重视人的全面发展。席勒在《美育书简》中，认为美和艺术可以使人性恢复成正常的自然状态，主张用美育来愈合分裂的人性。他认为只有人在游戏的时候才是完整的人。❶ 近代出现的工业社会造成了人们的人性分裂及各类矛盾。他认为应该加强美育以克服这种人性的分裂，通过美育的途径培养全面发展的人。席勒的理论在美育的历史发展进程中产生重要的影响。

（三）西方现代的美育思想

西方现代美育思想强调运用自然科学的方法。在此基础上还衍生出了一些交叉性的美学学科，例如，心理性美学、社会性美学和语言类美学。科学主义美学的代表门罗认为艺术和审美现象都属于自然现象，可以用进化的观点来进行说明，就像生物由低级向高级进化，艺术形式也会自然地经历一种逐渐由低级向高级进化的过程。

第三节　大学生思想政治教育与美育深度融合的思路

新时代，高校开展大学生思想政治教育与美育的重要性不言而喻，但当前二者分别属于两个不同层面，育人联合度不够，育人协同效果不佳。这就要求高校通过构建大学生思想政治教育与美育的共同体，形成育人理念高度统一、育人要素互通共融、育人资源共享共生的发展格局，实现大学生思想政治教育与美育的融合创新发展。

---

❶ 席勒. 美育书简 [M]. 徐恒醇，译. 北京：中国文联出版社，1984.

一、大学生思想政治教育的审美化发展要求

做好美育工作，要坚持立德树人，扎根时代生活，遵循美育的特点，弘扬中华美育精神，让祖国青年一代身心都健康成长。将美育融入日常思想政治教育全过程，是高校落实立德树人根本任务的必然选择。

（一）以美立人，契合大学生思想政治教育的主题

大学美育旨在培养和塑造人格完美、价值取向正确的时代新人。思想政治教育旨在引领大学生树立正确的世界观、人生观、价值观。二者的目标都是培养大学生达到真善美的人生境界，实现人的全面发展。由此来看，大学生思想政治教育和美育有着共同的教育目标，即立德树人。新时代的高校美育能够鲜明地契合大学生思想政治教育的主题。传统思想政治教育"一言堂""独角戏"的教学方法显然不能适应新时代大学生思想政治教育创新发展的要求，容易出现实效性和针对性不强等问题，导致大学生无法对思想政治教育产生共情、共鸣的内在情感。因而，将美育融入大学生思想政治教育有助于破解这一难题。

高校要将大学生的审美体验、审美感知、审美情趣等美学元素融入大学生思想政治教育全过程，贯穿到课堂内外、线上线下、学习和社会实践之中，让美的理念丰富思想政治教育的时代内涵。这就要求高校尊重大学生的主体地位，按照美的规律开展思想引领、理论教育和社会实践，丰富大学生的审美情感和审美体验，持续激发向上向善的正能量。

（二）以美化人，创设审美化的大学生思想政治教育环境

思想政治教育环境是物质、文化、精神要素的集合体，承担着文化滋养、审美孕育的功能，蕴含着大量的美学元素。思想政治教育环境审美化表达，有利于熏陶和感染教育对象形成健康向上的政治素养、思想品德和价值观念。在新时代，"思想政治教育要实现价值导向、精神引领的独特优势，须符合美的规律"。❶ 这就要求高校要积极发挥以美化人的作用，优化育人环境，共同营造美德互融、清朗高雅的育人环境，实现思政教育的审美化、个性化表达。高

---

❶ 武东生，张然．思想政治教育美育功能的生成逻辑［J］．思想教育研究，2021（8）：36-37.

校要大力创新形式，精心设计、合理设置具有审美元素的教育教学与社会实践环境，建设具有美学特征的校园文化景观，使大学生在审美生活中得到美与德的熏陶。育人环境要符合审美要求，凸显校园环境的自然美和艺术美，凸显育人环境的社会美和科学美，让"美美与共"成为大学生耳濡目染的新风尚，从而实现大学生政治素养、思想道德与审美情趣的交相呼应。

（三）以美感人，提升大学生思想政治教育的育人成效

大学生思想政治教育作为一种规范性教育，侧重于理想信念、价值观念、行为规范等方面的显性教育。而审美教育则更加强调柔性、感性、隐性的育人方式，通过优化校园文化育人环境，使大学生产生审美情愫、情感共鸣，获得审美体验。审美情感是大学生在审美活动过程中出现的兴趣、情绪和态度，表征着大学生对美及美的事物的追求。而融入审美情感的思想政治教育则体现了大学生思想政治教育科学性、价值性和艺术性的统一。如果说大学生思想政治教育是"晓之以理"的教育过程，那么美育则是以"动之以情"为主的教育过程。当前，审美教育与大学生的全面发展的"情理交融"的内在关联性得到了社会的普遍重视。高校在开展大学生思想政治教育的过程中，要注重审美情感和道德情感的交融，用美的话语和美的方式引导大学生产生情感共鸣。

二、大学生思想政治教育与美育深度融合的具体思路

（一）以思想政治教育引领大学的美育实践

当前，高校美育工作要坚持马克思主义的指导地位，用中国化、时代化的马克思主义理论体系引导大学生的日常审美行为。这是文艺发展要求，也是美育实践的灵魂。大学生思想政治教育的丰富资源是创新开展大学生美育的时代养料。因而，高校应当创新"思政+艺术"的方式开展审美教育。一方面，要继承和弘扬中华美育精神，深刻把握美育与文化传承、精神塑造、道德养成之间的辩证关系，站稳"以人民为中心"的本质立场，把牢中国价值主流叙事的话语权。将美的理念和元素融入课堂教学和课外实践全过程，建立更基础、更广泛、更深厚的美育体系，不断提升以美育人的效果。另一方面，要引领大学生向美、向善、向上，在"和合共生"的境界中追求敬畏自然、尊重生命、

尊法崇德；在"美美与共"的胸怀品格中激发文化自信，坚守民族文化根脉，向世界展示和传播中国精神。

（二）以课程思政推动沉浸式审美教育

"作为美育融入思想政治教育的重要渠道，课堂教学能够促进学生的成长与发展，培养学生的人格与素养。"❶ 尽管美术教育是高校美育的重要组成部分，但校园文化、各学科教学、第二课堂实践都蕴含着丰富的美育资源。高校应将美育作为课程思政建设的重要内容，通过课堂教学改革，将美育元素纳入各类必修、选修课程，纳入社会实践与课外活动之中，通过教学引导大学生去挖掘美、发现美，学会用美的方式思考，用美的方式去生活，从而追求有意义、有情趣的人生。

一是要广泛开设体验式教学，让学生动真情、触心灵，陶冶高尚情操、塑造美好心灵，要深度挖掘提炼专业知识体系蕴含的思想价值和精神内涵，引导大学生沉浸其中；二是培养大学生善观察、爱想象、勤动手的能力，培育其创新精神、激发其创造活力；三是要充分挖掘课外实践第二课堂的美育资源，广泛举办符合大学生个性化需求的体验式、沉浸式审美实践活动。

（三）以道德感化、陶冶大学生的审美情操

健康、积极向上的德育文化氛围有助于大学生在潜移默化中提高感受美、甄别美、欣赏美和创造美的能力。高校美育实践需要伦理道德作为支撑。因此，要在理想信念、价值理念、道德观念上推动大学生形成凝聚力和向心力，在审美意识、审美能力上推动大学生坚定文化自信，造就爱美求善、自强厚德的道德品格和精神风貌。

加快美术馆、博物馆、校史馆、文化体验馆、传统手工作品制作馆等文化场所和设施的建设，开设文化体验与审美体验的相关课程和活动，以身临其境、润物细无声的活动方式提高大学生审美情操。综合利用校园全媒体矩阵，开发制作一批饱含传统美德、新时代风貌、社会主义核心价值观的网络文化作品，引导大学生探索自然、人文、世界之美。高校要大力发展文化与美育社

---

❶ 夏雪，殷筱．论高校美育与思想政治教育的契合性及有效融合［J］．学校党建与思想教育，2021（18）：58-59.

团，扎根校园生活，遵循美育规律，将思想政治教育美学与人才培养目标结合起来，以创新精神来教育莘莘学子，以大美来描绘时代之作，营造一种崇真尚美的高尚文化境界，努力引导和培养具有高尚情操、审美素养、家国情怀和创造活力的时代新人。

三、着力构建大学生思想政治教育与美育深度融合的育人格局

（一）站稳大学生思想政治教育与美育深度融合的政治立场

中国特色社会主义教育是在中国共产党的领导下，为建设社会主义现代化强国而服务的。高校在培养人这一根本问题上必须旗帜鲜明讲政治，坚决执行党的教育方针政策。我们的教育必须把培养社会主义建设者和接班人作为根本任务，培养一代又一代拥护中国共产党领导和我国社会主义制度、立志为中国特色社会主义奋斗终身的有用人才。大学生思想政治教育与美育的深度融合和创新发展，必须坚持社会主义的方向性原则，突出立德树人的根本任务，站稳马克思主义的指导地位和基本立场，将中国特色社会主义理论体系与社会主义核心价值体系融入美育与思想政治教育的各个方面、各个环节。要充分挖掘美育的思政资源和思政的美育资源，并将二者加以融合创新，寓价值观、审美观引导于知识传授和能力培养之中，实现思政显性教育和美育隐性教育的高度统一。

（二）锚定大学生思想政治教育与美育深度融合的目标要求

新时代的高校要围绕"培养什么人、怎样培养人、为谁培养人"这一中心环节，全面提高人才培养能力。高校大学生思想政治教育与美育深度融合发展，就是要看高校的办学理念、办学资源、育人实践等要素是否有利于立德树人这一根本目标的实现，这是二者融合发展必须遵守的根本原则。

从现实目标来看，高校要推动大学生思想政治教育与美育融合发展，必须将审美性与艺术性的相关体验融入思政育人环节，将政治性、思想性要求融入大学美育环节，运用美学与思想政治教育的多样化手段，用形象生动、润物无声的方式、方法，提高美育与思政教育的生命力、凝聚力和感召力，寓教于

思、寓教于乐、寓教于美，让正确的世界观、人生观、价值观成为大学生成长、成才的基本支柱和精神底色。

（三）构建大学生思想政治教育与美育协同育人共同体

作为一个复杂的协同育人系统，大学生思想政治教育与美育的深度融合发展必然要求在教育主体、内容、方法、环境等方面实现全方位、全过程的融合。也就是说，只有将各类主体及各类资源要素相互联结、相互统一，才能够形成一个具有向心力的育人共同体，从而陶冶学生情操、温润学生心灵、激发学生创新创造活力，共同提升大学生审美素养。

高校要坚持系统性观念，整合育人资源，统筹推动教学、科研、管理、服务等多个领域的教师、管理者的良性互动和共同参与，积极构建全面覆盖、类型丰富、层次递进、相互支撑的育人共同体。高校要建立党委统一领导、相关部门协同联动、师生共同参与的协同育人格局，这样才能有效聚合各育人主体的力量，以德美立身、以德美立学、以德美施教，形成协同效应，发挥协同育人共同体的作用。要在顶层设计、全面规划、制度完善、资源配置上下功夫，全面构建大学生思想政治教育与美育深度融合育人平台，循序渐进，以点带面，不断提高平台的育人成效。❶

第四节　美育融入大学生思想政治教育的
意义和实现路径

美育既有自己独特的育人功能，又与德育、智育、体育和劳动教育相互依托，共同构成人的全面发展教育。思想政治教育的目标是培养具有正确三观、坚定的马克思主义政治信仰、坚守政治方向的全面发展的人。美育融入大学生思想政治教育是提高思想政治教育效果的必然选择，有助于提升大学生的人文

---

❶ 崔晋文. 思想政治教育中的美育问题研究［M］. 武汉：武汉大学出版社，2021.

素养，增强文化自信；促进大学生的全面协调发展，实现立德树人的根本任务。新时代，思想政治教育工作者要通过构建美育融入思想政治教育的课程格局，发挥合力作用；提高思想政治教师队伍的审美素养，发挥角色示范作用；营造美育融入思想政治教育的家庭、学校、社会环境，实现协同育人效果；建设促进发展的网络环境等举措，发挥美育价值，促进大学生成长。

一、美育融入大学生思想政治教育的必要性和可能性

（一）育人目标一致

美育和大学生思想政治教育，二者都坚持"以人为本"，以培养合格的社会主义建设者和接班人作为自己工作的目标。思想政治教育侧重从外部引导学生，帮助学生学习马克思主义理论体系和中国特色社会主义思想，坚定文化自信，提高思想道德素质。美育则重视培育学生的心灵美和行为美，培养学生美好、和谐的情感。蔡元培曾说："美育者，应用美学理论于教育，以陶冶感情为目的者也。"● 美育可以提升学生的审美趣味和道德情操，提高学生的思想觉悟，鼓舞学生奋发向上。美育与思想政治教育融合可以净化人的内心，启迪人的思想，达到至真、至善、至美的和谐统一。

（二）教育内容交融

思想政治教育的内容主要包括爱国主义、集体主义、社会主义教育，重在提高学生政治素养，增强意志品质，形成社会或社会群体所要求的思想品德和行为规范。美育的内容主要包括对学生进行艺术美、自然美、社会美等方面的教育，美在生活中无处不在，美的教育也无处不在。思想政治教育工作者要充分整合利用各种资源，运用中华优秀传统文化对学生进行美的熏陶，帮助学生树立健康的审美观。思想政治教育为美育的发展指明了方向，美育中又有丰富的思想政治教育内容，二者相辅相成，相互补充。

（三）育人方式互补

蔡元培先生认为，教学的艺术"并不是像注水入瓶一样，注满就完事了。最重要的是引起学生读书的兴味。因而知教育者，与其守成法，毋宁尚自然；

● 蔡元培 . 蔡元培美学文选［M］. 北京：北京大学出版社，1983.

与其求划一，毋宁展个性"。❶ 思想政治教育主要采用灌输的方法，将枯燥的理论和概念灌输到受教育者的头脑中，因此具有一定程度的被动性。这是因为马克思主义和共产主义的思想不会自发地在受教育者的头脑中产生，这就需要外部的灌输，以保证思想政治教育的顺利实施，进而实现教育效果。美育则侧重、强调学生自觉主动地接受美的事物、美的情感，得到情感升华，在这一过程中，教师是引导者，审美主体是学生。马克思、恩格斯曾指出："行为的一切动力都一定要通过他的头脑，一定要转变为他的愿望动机，才能使他行动起来。"❷ 因此，美育在一定程度上有助于改变思想政治教育传统的理论灌输式的教育方式，通过营造宽松愉悦的教学氛围，使理论教学更容易被学生所接受。而思想政治教育则可以保证学生在发现美、鉴赏美、创造美的过程中坚定正确的政治导向，进而提升美育效果。

二、美育融入大学生思想政治教育的意义

（一）发挥美育的育人功能，提高思想政治教育的效果

1. 发挥美育的愉悦性

美育的愉悦性是指欣赏者在面对美的事物时会自然地感到心情舒畅、精神愉悦，这就是美的愉悦性。思想政治教育者在教学过程中可以充分发挥自己的主观能动性，创新美的方法，挖掘美的内容，灵活运用美的形式，使受教育者能够产生美的感觉，获得精神上的满足和心灵上的愉悦。

2. 发挥美育的伦理性

审美教育的功能之一就是把伦理层面的规范内化，使之成为受教育者个体的内在情感，并通过审美能力的高低表现出来，二者统一于培养和塑造健全人格这一基本育人目标。从这个角度来说，"善"即是"美"，"美"即是"善"，美育就是认识美、感受美、享受美，在不断提高美育素养的基础上，实现真、善、美在人的精神层面的高度统一。最后，美具有情感性。普洛丁提

---

❶ 蔡元培. 蔡元培教育文选 [M]. 高平叔编. 北京：人民教育出版社，1980.
❷ 中共中央马克思恩格斯列宁斯大林著作编译局. 马克思恩格斯全集（第 21 卷）[M]. 北京：人民出版社，1979.

出："眼睛如果还没有变得像太阳，它就看不见太阳；心灵也是如此，本身如果不美也就看不见美。"● 情感作为人的生命最基础、最本源的力量，其有积极和消极之分，因此情感需要陶冶，只有经过陶冶的情感才是具有社会价值的高级情感。因此，对受教育者进行情感教育时，要尽可能地把受教育者情感中积极、善良、美的一面发挥出来，使情感如同磁石吸铁一样，使人产生行动的欲念并全身心地投入活动中去。美育的过程就是影响人的情感的过程，没有情感就没有审美。

（二）提升人文素养，增强文化自信

1. 实现中华民族伟大复兴的历史任务需要文化自信

党的十八大以来，习近平总书记常常借古喻今，强调文化自信的重要性。因此，文化自信的重要性不言而喻。而美育的内容包括艺术美、自然美、社会美和科学美。其中，美育的多数内容是围绕中国美术史展开的，美育的过程就是对中国美术史的认识过程。在这个过程中，教师要充分挖掘中国美术史的美育价值，帮助学生系统学习美学知识，并且为学生提供展示美学特长的机会和平台，增加师生、生生的交流，帮助学生在活动中提升认知水平，提升人文素养。

2. 美育在实施过程中需要继承和弘扬中华优秀传统文化

教师可以充分利用互联网提供的便利，引导学生利用网络提供的丰富的美育课程资源和优秀的美育平台，使学生切实感受到中华优秀传统文化的魅力。比如，《国家宝藏》节目帮助学生了解国宝的前世今生；故宫博物院的数字文物库帮助学生足不出户逛故宫，调整到 VR 模式可以帮助学生获得沉浸式的体验，同时还可以了解文物背后的故事。这些丰富的课程资源扩展了教师教学的内容，同时开阔了学生的眼界，拓宽了学生的视野，使学生化身为中华优秀传统文化的坚定守护者和传播者，形成更加稳固的家国情怀。

3. 美育最关键的是培养学生创造美的能力

学生的创造性思维不仅是与生俱来的，还需要教师后天的引导、激发和培养。这要求教师在教学过程中实行教学民主，创造良好的创作氛围。引导学生自己设计、编排简单的舞台剧或舞蹈等。要特别鼓励学生提出对艺术的不同见

● 北京大学哲学系美学教研室．西方美学家论美与美感［M］．北京：商务印书馆，1980．

解，鼓励学生发挥想象力和创造力，因材施教。高校要致力于培养一批具有优秀传统文化创新能力的青年学生，创作出一批大众喜闻乐见的优秀传统文化创新作品，充实我国的文化宝库，坚定文化自信。

（三）促进大学生的全面协调发展，实现立德树人根本任务

苏联著名教育家苏霍姆林斯基认为："美是道德纯洁、精神丰富和体魄健全的强大源泉。"● 审美教育不仅能提升人的审美情趣，亦可潜移默化地影响人的思想、激发人的情感、启迪人的心灵、提升人的素质。思想政治教育与美育融合并促，既是充分发挥美育的育人功能、塑造全面发展的社会主义时代新人的需要，又是能够保障立德树人任务有效实现的客观要求。思想政治教育工作者要利用美育的价值，提高审美标准，培养合格的社会主义建设者和接班人。

1. 美育潜移默化地提高大学生的思想道德素质

美育的过程就是帮助学生正确认识世界、培养健康情感的过程。在提高审美鉴别力的同时，提高了学生的思想道德素质，使学生树立正确的三观，践行正确的行为准则。

2. 美育提高大学生的科学文化素质

美育的过程是培养人文素养、提升文化底蕴的过程。美育中蕴含的丰富多样的艺术形式，比如，音乐剧、绘画展、优秀影片欣赏等，可以被思想政治教师学习和借鉴，通过形式多样的活动主题，激发学生的思维创造力和主体活力，实现从知识的被动接受者向主动接收者的角色转变，在愉快的氛围学习，提升科学文化素质。

3. 美育调节大学生的心理健康素质

美育的过程是温润心灵、培养健全人格的过程。学校通过营造良好的艺术氛围，开设丰富的美育课程等，发挥美育润物无声的力量，为学生的心灵提供精神保障和栖息之地，帮助学生缓解压力，调节情绪，提升心理健康素质。

4. 美育提升大学生的劳动素质

美育的过程包括创造美的过程，创造美的本质就是劳动的过程、实践的过程，人们可以在创造美的过程中树立热爱劳动、劳动最光荣的正确劳动观。

● 苏霍姆林斯基. 帕夫雷什中学［M］. 赵玮，等译. 北京：教育科学出版社，1983.

三、美育融入大学生思想政治教育的路径

美育和思想政治教育都是事关人才培养质量的重要教育活动，美育从感性层面浸润人的心灵，思想政治教育从理性层面塑造人的行为。要发挥二者的协同育人作用，推动思想政治教育入脑入心。

（一）构建美育融入思想政治教育的课程模式，发挥合力作用

1. 充分挖掘美育资源，实现思想政治教学的内容美

大学生思想政治教育的内容应该融合自然美、社会美、艺术美等因素。自然之美是星辰变换、四季更替、生机勃勃的美。从宇宙万物、浩瀚星辰到山川河流、风霜雨露等，都是自然界的一部分，人类也是自然界的一部分。恩格斯指出："人们不仅感觉到，而且也认识到自身和自然界的一致。"❶ 自然界包罗万象。教师要把磅礴的自然之美融入思想政治理论课教学，引导学生深入思考人与自然的关系，激发学生对自然界的热爱和向往，增加学生对知识的渴望，帮助学生树立尊重自然、保护自然、敬畏自然的正确自然观。社会美是社会生活中真实存在的现象。例如，各行各业的人们丰富多彩的生活经历、不同人的情感历程、人们的理想和希望等都属于社会美的范畴。教师要善于运用积极典型的案例帮助学生分析各种社会现象，促使学生做到"真善美"，引导学生用美的内涵塑造自己、成就自己，使学生即使身处复杂的社会生活中也可以保持乐观积极的态度及对生活的热爱。艺术之美即雕塑、诗歌、文学等艺术作品表达的美，传递着艺术创作者的理想、信念和情感。例如，河南卫视推出的《只此青绿》《唐宫夜宴》《洛神水赋》等一系列舞台精品，不但具有极强的感召力，也是对中华民族文化的自觉建构。通过欣赏优秀的艺术作品能为学生带来情感上的慰藉、心灵上的救赎，激发学生对美的思考和感悟，提高课堂的吸引力和感召力。

2. 渗透美育教学方法，体现思想政治教学的方法美

思想政治教育者要想达到良好的教学效果就需要选择正确的方法。教师在

---

❶ 中共中央马克思恩格斯列宁斯大林著作编译局 . 马克思恩格斯全集（第20卷）［M］. 北京：人民出版社，1979.

思想政治教学中应结合美育的特性和方法合理开展教学工作。比如，使用情感法进行情感性的朗读、艺术作品的欣赏，鼓励学生即兴发挥，对学生的表现进行公正客观的评价等教学方法。使用形象法将思想政治教育的内容用图片、音乐、视频等方法展示出来，使学生获得更加直观的感受，加深对内容的理解。在情境法中积极使用创设情境法、联想法、启发法和想象法等教学方法。使用愉悦法调动学生学习的内在动力，包括想象引导式、愉快游戏式、竞赛激励式、讨论探究式等方法。教师在日常教学中，不仅要综合运用以上教学方法，还要主动探究其他不同课程、不同领域的方法，实现教学方法从原来的单个方面的理论灌输向师生双向互动的转变，为学生营造一个宽松和谐的教学氛围，增强思想政治教育效果。

3. 促进思想政治教育和美育实践活动相结合

当前，课堂仍是高校思想政治教育的主阵地，学校要积极开展美育实践活动，引导学生扎根生活和人民，善于发现生活之美、人民之美、时代之美。在具体的课程实践中，要通过发现思想政治教育学科之美，开设与思想政治教育学科内容相关的美学课程，并将其纳入大学生必修课或者选修课之中。比如，开展"中华传统文化的时代价值"主题创作课，引导学生自主搜集并掌握与课程主题相关的资料，创新表达形式，结合本专业特色进行深入思考，并在课上进行展示和交流。要通过举办校园主题文化活动，寓教于乐，让学生内心产生对美的向往。比如，开展以"爱国主义""改革创新"等为主题的美术展、诗歌展，鼓励学生用绘画和文字的形式展现新时代的新风貌，帮助学生在活动中加强对"四史"教育的学习。要鼓励学生深入基层进行社会实践，在社会实践中发现人民之美、感受时代之美。比如，高校可以广泛开展公益活动、慈善活动、下乡活动等，鼓励学生关注弱势群体，关注基层发展和成就，促进学生在实践中自我审视、自我引导，自觉提高思想政治觉悟。

（二）提高思想政治教师队伍的审美素养，发挥角色示范作用

马克思曾指出："如果你想得到艺术的享受，那你就必须是一个有艺术修养的人。如果你想感化别人，那你就必须是一个实际上能鼓舞和推动别人前进的人。"❶ 高校思想政治教育工作者在思想政治教育工作中处于主导地位，教师的一言一行都会给学生带来潜移默化的影响，教师的美学修养直接关系到学生的美学修养。目前，思政教师对本专业的理论知识都有一定的把握，对"审美教育"一词也有所耳闻，并且具备一定的审美意识，但是对审美教育的专业知识缺乏系统学习，将导致很难将美育真正融入思想政治教育教学之中。可见，要想实现将美育融入思想政治教育，高校就要培养一批具备审美素养的高素质思想政治课教师，发挥角色示范作用。

1. 培养思想政治教师正确的审美意识

审美意识指个体对审美对象的能动反应，"个体的审美意识是其世界观、人生观、价值观的有机组成部分，是其人生志趣与社会理想在审美方面的体现"。个体的审美意识包括两个方面：

一是审美趣味。个体的审美趣味因人而异，具有个体化、感性化的特征，可以后天开发培养。因此，思想政治教师可以通过不定期地外出欣赏一些具有较高审美价值的自然景观、参加优秀艺术展等，广泛涉猎不同的艺术风格和题材，主动拓宽自己的审美范围，提升审美水平，能做到对同一艺术作品的不同方面的审美价值做出全方面、多层次的评价。

二是审美观念。审美观念是现实的反映，具有社会化、理性化的特征，从一定意义上说，审美观念反映了人们的政治观念和价值观点，有积极、消极之分。教师要树立正确的审美观念，主动追求高尚的、进步的、符合中国特色社会发展方向的审美观念。

2. 提高思想政治教师审美知识涵养

"审美知识是审美素养的基础，离开了必要知识的审美活动一定是盲目和低水平的。"❷ 丰富的审美知识储备是正确理解艺术作品的前提，这些知识不是抽象的理论概念，而是具体的情感体验。因此，学习者往往可以从自己感兴趣的一门或几门具体的艺术形式出发，循序渐进地积累艺术知识。如果对音乐感兴趣，可以掌握一些基本的音乐常识，包括基本的乐理知识、不同的音乐风

---

❶ 中共中央马克思恩格斯列宁斯大林著作编译局. 马克思恩格斯全集（第42卷）［M］北京：人民出版社，1979.

❷ 杜卫. 论审美素养及其培养［J］. 教育研究，2014，35（11）：24-31.

格、音乐发展史等。比如，在听贝多芬的《命运交响曲》时，即使缺乏较专业的音乐知识，也能够根据节奏的快慢和音乐的舒缓程度来判断作品想要表达的情绪。就这样由浅入深地进入音乐世界，帮助自己更加准确地把握作品的内涵，形成自己对作品的独特理解。欣赏书法作品的教师，不仅要能细数历代名家的代表作品，了解书法的演变历史，还要能够把握"虚实""意境"等书法美学的特征，只有这样，才能深入理解作品。喜欢文学的教师，可以翻阅有关中西方文化史、美学史的著作，广泛阅读中西方美学名家的著作，比如柏拉图的《理想国》、康德的《判断力批判》、黑格尔的《美学》、席勒的《审美教育书简》、朱光潜的《西方美学史》、叶朗的《中国美学史大纲》、王国维的《人间词话》等经典名著，在阅读中提高审美知识涵养。

3. 提升思想政治教师的审美能力

审美能力主要包括感受能力、鉴赏能力、创造能力。"所谓大师，就是这样的人，他们用自己的眼睛去看别人看过的东西，在别人司空见惯的东西上能够发现美。"❶ 这就是审美的感受能力，也是审美能力第一阶段的直觉能力。只有具备这种能力的教师才能从周围事物中敏锐地感受到美的存在。比如，从贝多芬的音乐中感受到浪漫而古典、情趣而激昂的美；从王羲之的笔锋中感受到平和自然、婉约含蓄的美；从王国维的《人间词话》中体会到三种境界，并将美的因子传递给学生。审美鉴赏力是指个体能够对审美对象进行较高层次的审美判断，知道美从何而来，具备对美的理解和态度，具有评价美的能力等，"从个体发展的角度看，审美能力的提高一般有感知、体验和领悟三个阶段"。这些由低到高、由浅入深的审美能力都需要经过长期的培养和积累才能实现，是审美能力中的高级能力。审美创造力强调的是主体能动的主动建构。比如，教师的语言美、仪态美、板书美、行为美等都是审美创造力的表现，思想政治教师不仅要具备渊博的学识，更要有良好的道德品质，做到不断丰富自己的学识，拓展自己的阅历，提高自己的能力，赋予教学过程美的体验。

---

❶　奥古斯特·罗丹. 罗丹艺术论［M］. 傅雷，译. 济南：山东画报出版社，2017.

（三）营造美育融入思想政治教育的家庭、学校、社会环境的氛围，实现协同育人效果

1. 美育的起点，立在家庭

（1）注重房间的布局陈设。房间最好保持干净和整洁，时常保持通风，也可以在家里种植具有欣赏价值的花草，摆放一些富有艺术气息的小物件，积极营造浓厚的艺术氛围，培养孩子欣赏生活美的能力。

（2）树立积极乐观的生活态度。父母可以偶尔策划一次全家游，带领孩子外出领略美好的自然风光和独特的人文景观，培养孩子对自然美的感受能力。

（3）父母要营造幸福活泼的家庭生活氛围，成员之间要加强沟通交流的频率，相互关心爱护，构建和谐的家庭关系，让孩子在充满爱的家庭中成长，帮助孩子形成健全的人格。

2. 美育的基础，立在学校

蔡元培先生曾指出："为达到美育实施之艺术教育，除适当课程外，尤应注意学校的环境，以引起学者清醇之兴趣，高尚之精神。"❶ 因此，学校美育环境的建设非常重要。不仅要让学校成为师生教育活动的场所，还要成为学生精神的栖息地，让学生发自内心地爱上这所学校，乐于学习。校园环境建设包括四个方面。

（1）一是物质环境，主要是指校园的硬件环境，包括各种教室、建筑物、自然景观等，是学生活动的主要场所。因此，要注重对这些地方的美化。一方面要加强学校艺术场馆建设，满足学生多样化的美育需求。建筑物的设计在考虑功用性的同时，可以增添一些有温度的陈设和布局，将美的元素融入其中，既体现了艺术感，又体现了人文关怀。另一方面可以结合学校的实际情况，建设能够反映学校特色文化和历史传统的展览馆、建筑雕塑等，使学生置身美的环境中，接受美的熏陶。

（2）二是精神环境，这是学校的软实力，包括校风学风、文化氛围、师生关系等，在引导大学生树立正确的三观方面发挥着重要作用。因此，要积极

---

❶ 高平叔 . 蔡元培美育论集［M］. 长沙：湖南教育出版社，1987.

发挥精神文化的指引作用，营造浓厚的文化氛围，使学校成为社会主义精神文明的重要阵地。

（3）三是要开展丰富多样的课外活动，唤醒大学生对美的感受。比如，志愿支教、乡村扶贫等，使学生将自己的发展与集体、社会的发展紧密联系起来。

（4）四是要充分挖掘地方文化资源，将地方优秀文化引进校园，不仅可以帮助学生加深对地方文化的了解，而且有助于保护和开发优秀地方文化，增强文化认同和文化自信。

3. 美育的归宿，立在社会

人是处在社会中的，人不能脱离社会环境独立存在，人的大部分时间是脱离学校，处在社会中的，因此除了学校美育，还要关注社会美育。社会环境的好坏会潜移默化地影响人的审美情趣及情感体验。一方面，人与人之间的关系应该是有奉献精神和人文关怀的，彼此尊重，弘扬正能量，为创造更美好的社会献出自己的一份力量。另一方面政府部门要加强社会基础文化设施建设，比如，在美术馆、音乐馆、剧院、历史博物馆等投入更多的财力，提供更多的优惠政策，以保证大学生群体能够普遍享受到这些专设机关的美育熏陶。除此之外，优美的自然景观和有序的城市建设也非常重要，这体现着一个城市的审美水平和公民素质的高低。

（四）净化校园网络环境

在互联网飞速发展的现代社会，高校各级领导要充分认识到互联网信息传播速度快、资源丰富和共享功能的优势，将思想政治教育和网络进行深度融合。遵循网络的特点和规律，积极拓宽思想政治教育的渠道。

1. 设立美育平台

高校可以为学生提供接触了解美学知识的机会，扩大知识覆盖面，合理运用公众号平台发布美学、美育的资料和文章等，可以创立美育专门的视频号，分享优质演出视频等；还可以通过定期举办线上讲座的方式，邀请国内优秀的美学专家为学生上一堂别开生面的线上美学专业课，拓展学生学习美学知识的途径，让更多非艺术专业的学生接触到审美理论知识。另外，可以在学校网站上线一些成功的思想政治教育课、美学专题栏目等方便学生自主学习。

2. 创新网络传播话语的表达方式

要用更加接地气和正能量的语言传播主流价值观，加强学生对思想政治教育内容的认同感和传播主流价值观的使命感，真正做到知行统一，言行一致。还要培养一批具有较高素质和政治认同感的学生代表作为平台发声者、宣传者，向学生传递有思想、有品质、有温度的优秀的思想政治教育作品，在潜移默化中影响学生的审美观感。

3. 高校思想政治教育要做网络的净化器

网络信息大多是良莠不齐的，要过滤掉那些对学生思想和行为有害的不良信息，阻止垃圾信息的传播，将弘扬社会正能量和主旋律的信息和声音传递给学生，提高学生接受信息的质量和水平，营造清朗的网络环境。

总之，思想政治教育和审美教育对人的全面发展同等重要，缺一不可。美育融入大学生思想政治教育可以弥补当前大学生思想政治教育实施过程中存在的诸多不足。新时代，思想政治教育工作者要积极响应国家政策号召，发挥美育作用，加强美育建设，以美育提升人文素养，筑牢文化自信。美育融入思想政治教育的研究是遵循美育规律和思想政治教育规律的，对思想政治教育进行传承和创新，也是拓宽思想政治教育视角的一次积极尝试。

第七章　新时代的大学生思想政治教育

我国社会主义建设已进入新的发展时期，各项建设在新时代都获得了巨大的发展，这些对于各个方面都产生了很大的影响，高校在这样的大环境和形势下理应随形势的发展而采取相应的思想政治教育对策。同时，许多有意义的传统做法也应该延续下去，继续发挥思想政治教育功能。

第一节　大数据与大学生思想政治教育

一、大数据的内涵

大数据是相对于一般数据而言的，目前对大数据尚缺权威的严格定义，但较普遍的解释是指用常规的软件工具在容许的时间内对其内容进行抓取、管理和处理的数据集合。首次对大数据概念进行界定的是麦肯锡公司，其对"大数据"的定义为："大数据（big data）是指那些超出了传统数据库软件采集、储存、管理和分析能力的数据集，大数据是一个动态的数据集合，它将跟随科技的发展而不断增多"；"大数据是人们在大规模数据基础上可以做到的事情，而这些事情是在小规模基础上无法完成的"。❶ 大数据是人们获得新认知、创造新价值的源泉；大数据还是改变市场组织结构及政府与公民关系的方法。大

---

❶ 维克托·迈尔·舍恩伯格. 大数据时代［M］. 盛杨燕，周涛，译. 杭州：浙江人民出版社，2013.

数据一般以"太节"为单位。规模大是大数据的标志之一。但大数据之所以难处理，不仅在于规模大，更大的挑战是其随着时间快速地发生变化，且具有类型的多样性的特点。根据可否用表格或关系数据库的表和视图来表示，可以区分为结构型数据和非结构型数据，照片和视频等就是典型的非结构型数据，随时间和类型的变化的特性增加了大数据的复杂性，但同时丰富了大数据的内涵。

需要指出的是，虽然数据规模与数据挖掘得到的数据之间具有相关性，但两者难以用线性关系表达。这取决于数据的价值密度，同一事件的不同数据集即便有相同的规模（如对同一观察对象收集的长时间稀疏数据和短时间密集数据），其价值也可能相差很多，这是因为数据集的"含金量"不同。总的来说，大数据的价值密度低，大数据中的多种数据可能是重复的，忽略其中一些数据并不影响其数据挖掘的结果。只有足够规模的并且有意义的数据，其价值才能聚沙成塔，数据挖掘的过程就像是大海捞针或沙里淘金，历经去粗存精、去伪存真、由表及里到最后水落石出。正因为大数据蕴含的规律或本质不容易被发现，物以稀为贵，才能显示出大数据的价值，从这一意义来看，仅仅用难处理的数据集来定义大数据是不够的，应该强调的是获得结论的可信度而不是处理的难度，即大数据可理解为其规模大到（或者变量复杂到）可以从中挖掘出符合事物发展规律性的数据集。

大数据不仅是一种资源，也可以作为一种技术手段，伴随大数据产生数据密集型科学，有人将它称为继实验科学、理论科学和计算科学之后的第四种科学研究模式。这一研究模式的特点表现为：不在意数据的杂乱，但强调数据的海量；不要求数据精准，但看重数据的代表性；不刻意追求数据中的因果关系，但重视数据中的规律总结。这一模式不仅用于科学研究，更多的会用到各行各业，成为从复杂现象中透视本质的有用工具，从而为决策者提供有效的决策依据，实现决策科学化。

综上所述，我们可以尝试把大数据的概念界定为：大数据是指在合理的时间内采集规模巨大、增长迅速、蕴含价值丰富的数据集，并对数据集进行科学处理，从而帮助使用者做出更有效的决策。

二、大数据与大学生思想政治教育的关系

大数据凭借其鲜明的特征和独特的魅力得到了大学生群体的青睐，对大学生的各个方面均产生了不同程度的影响。而大学生作为高校思想政治教育的主要受众，其发生的变化必将牵动思想政治教育的改变。与此同时，思想政治教育的核心内容是思想信息的传递与交流，这与大数据的本质具有一致性。为此，深入分析大数据与大学生思想政治教育之间的关系，更有利于高校思想政治教育者借助大数据的优势进一步创新大学生思想政治教育。

（一）大数据在培育和践行社会主义核心价值观中的作用

培育和践行社会主义核心价值观，是我国高校对大学生进行思想政治教育的重点内容，也是大学生思想政治教育创新的着力点。我国当前处于文化多元化、价值多元化的社会转型期，在大学生中培育和践行社会主义核心价值观，能够深刻地影响大学生的思想认识和行为方式，对大学生思想政治教育提供了有力的政治保障。党的十八大指出，倡导富强、民主、文明、和谐，倡导自由、平等、公正、法治，倡导爱国、敬业、诚信、友善，积极培育和践行社会主义核心价值观。这二十四字是社会主义核心价值观的基本内容，分别从国家层面、社会层面及个人层面对核心价值观进行了全面的阐述。随着改革开放和社会主义市场经济的不断发展，积极培育和践行社会主义核心价值观，对于巩固马克思主义的核心指导地位，实现中华民族伟大复兴，增强我国大学生思想政治教育的实效性，具有远大而深远的意义。

从教育对象看，利用大数据平台培育和践行社会主义核心价值观，契合了大学生的认知规律及心理需求，并且采用了大学生感兴趣的载体进行了有效教育；从教育者看，大学生思想政治教育工作者在日常的工作与生活中普遍加强了对大数据相关知识的学习和研究，积极参加各类理论培训课程；从技术层面来看，大数据时代大学生思想政治教育的载体不断创新，一方面，技术的进步不断创造着适应时代需求的新载体，另一方面，对于知识的把握，以前意味着掌握过去，现在更意味着能够预测未来。随着数据化技术的不断创新，各种载体的数据分析功能的不断完善，将大学生日常状态的发布转变为数据进行存储

与分析，无疑为思想政治教育工作者更深入地了解大学生的思想动态及教育效果提供了强有力的技术支持。

通过将大数据应用于大学生思想政治教育可行性的分析得知，在培育和践行社会主义核心价值观的过程中，大数据将发挥重要作用。

一方面，大数据引领大学生主流价值观。教育工作者可以利用大数据的表现形成和挖掘规律，通过意见领袖，在大学生中唱响主旋律，将社会主义核心价值观渗透到大学生的日常讨论之中；运用议程设置模式，以正确的舆论引导大学生形成主流价值观。例如，习近平总书记在 2012 年提出"中国梦"这一伟大思想，以人民网为首的全国百家网站进行了相关专题报道，高校思想政治教育者通过对各类报道进行信息挖掘和整合，相继推出"中国梦·我的梦"主题活动，在大学生中掀起了"中国梦想"讨论的热潮，从而增强了主流意识在大学生群体中的传播力度。

另一方面，用大数据预测大学生思想行为的动态。思想政治教育作为一种意识形态工作，主要任务就是对人的思想及行为进行正确的引导和培育，大学生处于思想行为的形成期，其思想观念和行为模式具有不稳定性，加之多元价值观的冲击，为大学生思想政治教育工作者带来了不同程度的挑战。在大数据时代，大学生思想政治教育者可以充分利用大数据的预测功能，在思想政治教育实践中发挥主动性，对大学生思想倾向进行预判，并及时对其进行社会主义核心价值观的引导，从而避免大学生受不良思想的侵害。

（二）思想政治教育的引领和大数据内容的转化

作为技术与内容的集合，大数据在大学生思想政治教育中是柄"双刃剑"。在给大学生的学习、思维带来积极影响的同时，大数据亦对大学生的思想与价值观念带来了消极影响。技术进步带来的是多元文化的交流与融合。大数据时代的到来，进一步打开了民众的思想，多种意识形态随着网络文化的发展而泛滥。不少媒体从业人员由于职业素养较低、问题意识不强等因素，导致其他意识形态对我国网民（特别是大学生）进行了意识入侵。大学生往往通过多种渠道获取网络世界里出现的众多信息，却没有能够甄选的能力。由于大学生处于成长期，对社会的复杂性认识不足，对伪善的西方侵略文化的抵御能力偏弱，久而久之，极易影响其世界观、价值观的形成。

大学生思想政治教育工作者一方面要利用大数据带来的积极作用，创新思想政治教育载体，丰富教育内容；另一方面，大学生思想政治教育工作者要主动占领大数据（主要是非结构性数据）的载体，引领其方向，净化其内容。通过思想政治教育工作在大数据环境中的持续开展，将传统的思想政治教育的内容转化为适合大数据环境、易于被大学生接受的形态，使思想政治教育的内容占领大数据资源空间，以高尚的道德情怀为主旋律，弘扬社会主义核心价值观，对多元文化的交流与融合做出规划与引导。面对网络中的热议话题，通过议程设置等方法，有效引导大学生进行正向讨论。对网络中发布的关于国外的相关信息取其精华、去其糟粕，在坚定中国梦伟大理想不动摇的前提下，吸收先进文化，不断向前发展。

此外，通过不断扩大对大数据资源空间的占领，使大学生接收到的大数据信息多为先进的、积极的，并不断促使大学生自觉抵制网络上的低俗文化，减少相关不良视频和不良网站的点击率，以学生自发的力量将其屏蔽，逐步将其淹没在海量数据的洪流中，从而真正起到引领和转化大数据的作用。

三、大数据时代大学生思想政治教育的策略

大数据深刻影响着人们的生产生活，从思维理念、教育方法、教育管理等各个方面都对大学生思想政治教育产生巨大影响。我们必须正视这一巨大的改变，因势利导，从理念、方法、制度、实践等多角度，深入进行大学生思政教育与大数据的创新融合，实现新的突破。

（一）树立大学生思想政治教育新思维

大数据的出现使得传统的思想政治教育理念面临冲击，如果不科学认识大数据的性质和特点，将无法应对这种变化。因此，应当首先从认识大数据开始，重点将大数据时代的核心思想融入思政教育理念当中，树立大数据思维。这样，才能以新的思维理念指导大学生思想政治教育，开展大数据时代下的大学生思政教育工作。

1. 树立大学生思想政治教育数据挖掘思维

信息量大是大数据的一个根本特点，但同时具有价值低密度的特色。教育者要从中获取相应的具有价值的思想政治教育数据，就必须对庞大的数据信息进行技术的理解和挖掘，因而必须具备数据挖掘思维，数据挖掘思维实质上是一种整体与个别、宏观与微观的思维模式。数据挖掘需要掌握研究对象的个体特点，既要有单个个体的特征掌握，又要结合个体之间的联系和小型团体内部特色，从内部逻辑结构和整体的系统功能入手，将繁杂的数据整合成有价值的信息。因此，在进行数据挖掘的时候要有的放矢，主要对大学生思政教育具有价值的数据进行信息挖掘。缺乏目的性的数据挖掘，不仅浪费精力和时间，增加教育成本，还有可能误导学生和老师向着偏离正确判断的错误方向前进。因此，在大学生思政教育当中，注重数据挖掘的有效性也是非常重要的一个方面。

2. 树立大学生思想政治教育数据分析思维

在大学生思想政治教育过程中，运用相关的分析工具把采集和挖掘到的数据转化为信息，必须具备相应的数据分析思维，数据从"无价值"到"有价值"的过程，实际上是数据分析者的认识发展过程，大数据实际上就是众多事物表现形式的汇集，挖掘数据的过程就是从现象认识本质的过程。大学生思想政治教育在大数据时代的创新变革应当首先具备这种科学思维，将大量感性的认识材料（数据）整理成需要的理性认识（有用信息），探索大学生思想政治教育的规律，对其形成更加科学、全面、系统的认识，推动大学生思想政治教育的大发展。具体来讲，大数据的数据分析思维主要有：

（1）逻辑思维，即明白所分析数据的逻辑和价值。

（2）求同思维，即通过数据分析找出数据共同的特征，把握当代大学生的思想潮流。

（3）求异思维。大数据的重点虽然是"求同"，但并不能忽略"存异"，树立"求异"思维也是大数据分析思维不可缺少的一个方面。

（4）换位思维。在进行数据分析时，分析者需要进行角色互换，尽量以学生的视角去理解人、事、物，这样才能把握学生真实的思想行为状况。

3. 树立大学生思想政治教育的数据预测思维

分析大数据得出的有用信息可以对大学生的特点进行把握，对大学生的学习甚至实践行为做出较为科学的预测。这对大学生思想政治教育采取相应的变革至关重要。通过大学生思想行为的数据分析，可以做到"针对过去，揭示规律；面对未来，预测趋势"。高校思想政治教育者需要通过对学生数据进行收集、筛选、分析等环节来实现对学生思想行为的把控，进而预测学生群体对某一事件的关注度和关注点，及时对学生进行舆论引导和思想教育，也可以为学校管理者提供参考依据，有针对性地组织学生活动，提高高校学生的管理效率。

必须明确的是，这种预测并非绝对准确，人的思想的复杂性更影响着预测的稳定性。我们重视这种信息的预测是为了创建相应的预警机制。当大学生的思想行为出现偏颇时，思想政治教育工作者能够及时做出反应并对其引导和教育，从而实现思想政治教育的时效性。

（二）优化大学生思想政治教育新环境

马克思有句名言："一切都取决于它的历史环境。"❶ 在社会经济发展中，某些因素的变化对于整个社会的生产生活都会产生影响，变化的深刻必然导致影响的深刻。随着大数据时代的到来，大学生思想政治教育也应随之改变。当前，高校教育工作者必须认识其发展规律，从大学生思想政治教育目的出发，利用大数据的优势，推动大学生思想政治教育工作。

1. 优化大学生思想政治教育的社交网络环境

网络的快速发展一方面给大学生思想政治教育工作带来了便利，另一方面也给其带来了一些弊端。我们应当双管齐下，在现有合理技术支持的情况下使用技术手段和管理手段，对网络上的信息进行收集、整理、分析。同时，加强对社交网络环境的管理，从管理上对大学生思想进行引导。具体来讲，可以从以下三个方面来努力：

（1）构建网络道德规范。由于网络出现的时间短，发展快，网络的法治规范尚不完善，缺乏针对网络行为的约束机制。因而，提倡网络道德规范，推

---

❶ 马克思，恩格斯. 马克思恩格斯选集（第1卷）[M]. 北京：人民出版社，1972.

动网络道德规范建设尤为重要。这不仅是响应国家网络管理现代化的要求，更是从现代人才培养的角度出发，优化教育环境，为人才培养提供一个健康的发展环境。

（2）提高网络技术水平。网络世界是一个极为复杂的虚拟世界，网络中海量的虚假信息、非法信息和破坏信息等影响了大学生的身心健康。我们可以从技术手段入手，对信息进行筛选过滤，加强网络防护，同时，建立专门的网络安全队伍，专职负责网络安全管理，防止有害信息的侵入及内部信息的泄露，从而达到净化大学社交网络空间的目的。高校要利用网络技术建立信息预警机制，以便对网络安全事件做出及时的反应并妥善解决。

（3）完善网络法治制度。网络的发展使其越来越关乎人民群众的切身利益，然而，这一领域却是法治的"盲区"。互联网科技以其惊人的速度发展，加大了网络立法的难度；再加上我国网络执法主体不明确，网络监管部门职权划分不清，导致我国网络环境法治保障力度不强。强化网络法治建设迫在眉睫。

2. 优化大学生思想政治教育校园文化环境

在大数据时代，网络越来越成为大学生思想政治教育的重要阵地，教育者应把握大数据的特点，有针对性地进行校园文化建设。重视大学生对网络的使用情况，可从大学生的寝室文化、学习文化、组织文化三个方面入手：

（1）优化大学生寝室文化环境，营造温馨和谐的寝室氛围。寝室是大学生学习和生活的重要场所。寝室成员之间的相互关系是大学生校园人际关系中非常重要的一个部分，如果能够借助新媒体，以寝室为单位建立一个信息交流平台，这样不仅有利于寝室成员之间的沟通，增进室友之间的感情，形成和谐的寝室氛围，也有利于学校管理者及时发现学生的思想动态。

（2）优化大学生学习文化环境，形成积极浓厚的学习风气。大数据时代的到来大大改变了传统大学生的学习环境，使得书本从纸质转向电子，从图书馆转向网络。培养良好的学风，就要从充分利用现代信息技术的优势，引导大学生进行文献检索学习、学术诚信教育、网络道德自律学习等，适应大数据时代的变化，变被动为主动，利用有利环境提高学习的效率，形成大数据时代的优良学风。

（3）优化大学生组织文化环境，培育团结协作的组织文化。高校学生组织是大学生学习实践的重要平台，大数据为高校学生组织的成立与发展提供了前所未有的条件。学生可以借助新媒体手段进行快捷有效的交流沟通，这有利于组织的灵活运转。大学生在参与组织活动中会产生大量的数据信息，并且这些数据信息的真实性较强，具有很高的利用价值。高校从这些海量数据中，进行价值信息的挖掘，这对于大学生思想形成特点的掌控具有重大意义。

3. 优化大学生思想政治教育心理健康环境

随着社会竞争的日益激烈及生活节奏的不断加快，也由于理想与现实之间的差距，给大学生造成了这样或那样的心理压力，极大地影响了思想政治教育的效果。大数据时代，通过数据分析，能够有效发现群体或者个体的心理健康问题。高校思想政治教育工作者应当利用数据分析，及时处理，营造有利于大学生思想政治教育的心理环境。

"心理环境"是指"人脑中对人的一切活动发生影响的环境事实，也即对人的心理事件发生实际影响的环境"，❶ 对大学生心理产生实际影响的环境主要集中在校园，老师的教学行为、同学之间的相处、学校的管理制度等都是重要因素。当这些因素无法为大学生提供相应的心理需要甚至提供消极的心理需要时，就有可能使学生产生心理障碍。当学生产生心理障碍时，如果没有可以宣泄的环境，沉积在学生心里的矛盾、焦虑等消极因素将造成严重的心理负担，进而深刻影响学生的学习状态，甚至产生过微行为，损害自身或者他人的利益。

大数据时代为我们发现这种隐形的心理问题提供了有利条件，大学生的心理问题很可能通过数据的形式储存在数据载体当中。大数据分析得出的有用信息可以将这种问题显示在教育者面前，为教育者及时发现问题提供机会，进而采取心理治疗进行补救。

（三）创建大学生思想政治教育工作新模式

大数据时代的来临对于大学生思想政治教育的影响是深远的。高校除了从

---

❶　库尔特·勒温. 拓扑心理学原理［M］. 竺培梁，译. 北京：北京大学出版社，2011.

思想上认识和技术上利用，还要对传统的思想政治教育方式进行改革。

1. 构建大学生思想政治教育数据技术平台

大数据和网络化的一个特点就是将大量信息交汇纳入同一个平台。高校在进行思想政治教育数据平台建设的时候，不应当仅仅局限于某些学生数据的储存和分析，还应当充分利用企事业单位、社会组织等有关主体的数据，加大平台的数据来源和渠道，真正汇集更多的有效数据。因此，高校在内部平台建设上还要与社会部门建立合作关系，并尽可能地对各个单独的数据平台进行有效整合，通过现代技术，将学校教务管理平台、图书馆技术平台，学生生活技术管理平台、学术管理平台等进行统一管理，把这些数据利用云计算平台进行挖掘和分析，从中发现大学生思想行为规律，为教育者提供参考依据。

2. 构建大学生思想政治教育数据网络课堂

课堂教育是思政教育的主要活动方式，但是传统的思想政治课堂教育具有局限性，老师单纯的讲授使得思想政治学习枯燥乏味，而且课堂讲授限制于教材和黑板，比之于数据时代的信息海量和交流的频繁，这种模式显得有些"过时"。当前，国内外一些高校开始尝试利用大数据平台创建网络课堂慕课，对于探索建立大数据时代的思想政治课堂教育具有重要的借鉴意义。

3. 构建大学生思想政治教育数据人才队伍

构建大学生思想政治教育数据人才队伍是创新思想政治教育模式的应有之义。思想政治教育数据人才与传统的思想政治教育者最大的区别在于，前者在掌握丰富的思想政治理论知识和教学经验的同时，又具备较好的对大数据技术的理解和应用能力。虽然目前我国高校具有相关的网络技术人才队伍，但并没有进行大数据管理队伍的人才转化和培养。因此，我们应当一方面引进相关的人才，另一方面针对现有人才队伍进行专门的培训，迅速打造出一支既具有思想政治教育基本理论，又具有大数据思维和分析能力的人才队伍。

就我国高校教师队伍的现状而言，一些年纪稍大的思政教育者对于网络信息等新技术不够熟悉，更不用说对大数据有充分的了解。高校除了针对这些教师进行专门的培训，还可以利用社会人力资源，通过与一些具备数据分析实力的大数据公司建立合作伙伴关系，运用现代服务外包理念，将专门的技术部分分包出去，既能够节约成本，又能够提高效率，同时减少了思想政治教师的压力。

（四）建立大学生思想政治教育新机制

大学生思想政治教育新机制的建立，不仅要注重大学生思想行为的外部因子，也要注重其内部因子的影响。通过大数据的技术优势，对教育效果进行数据分析，综合内外两个部分的预防和管控，做出整体评价。

1. 创建大学生思想政治教育舆情预警机制

创建大学生思想政治教育舆情的预警机制，能够第一时间对大学生的思想状况进行掌握，为思想政治教育明确方向。

创建大学生思想政治教育舆情预警机制，主要是对大学生的行为进行预测。利用预警机制掌握大学生接触的舆情状况，了解其思想变化的过程和特点。通过建立舆情预警机制，思想政治教育工作者可以及时掌握学生思想动向，为教育者赢得较为充足的准备时间，增强大学生思想政治教育的时效性。

我们可以从信息收集、信息研判、应急联动三个层面来创建大学生思想政治教育舆情预警机制。

（1）信息收集机制。信息收集是舆情预警机制创建的首要环节，是教育工作者正确把握舆情走向的前提和基础。针对这些信息进行有目的的整合收集，可以为下一步数据分析做好准备工作。具体方法是对校内网站、贴吧、网络论坛等大学生言论阵地进行监测，挖掘大学生的思想动态；思想政治教育者也可以对学生的博客、QQ 群、微信群等社交平台进行监测，这类监测属于微观监测，因此在实践中必须注意对学生隐私的保护。

（2）信息研判机制。作为舆情预警机制最重要的环节，信息研判需要针对已经收集的数据进行信息提炼，这个过程主要分为信息筛选和信息判断。前者是指教育者将预研判信息进行筛选，将无用信息、干扰信息、错误信息进行去除，保留有价值的信息。后者是指针对筛选过的信息进行特征分析、信息提炼，经过提取的信息就具有指导判定舆情的功能，为开展大学生思政教育应当采取的方式、方法提供意见。

（3）应急联动机制。应急联动机制是舆情预警机制创建的重点环节，是针对因网络舆情产生突发事件时采取的一种紧急措施。由于网络舆情具有极大的传播力，其影响范围十分广泛。不良舆情一旦不能及时防控，会产生连锁反应，其后果之严重不言而喻。

2. 创建大学生思想政治教育心理疏导机制

随着经济全球化的加快及信息网络的高速发展，大学生受到各种文化思潮的冲击力度越来越大，就业和学习的压力也增添了学生的心理负担。大学生亟需从周围环境中获得一些心理需要。如果外部环境缺少这种需要或者施加了相反的心理干预，大学生的心理健康就会出现问题。良好的学习不仅要求大学生生理上适应思想政治教育的学习状态，心理上更为重要。如果因为心理方面的原因，导致学生没有学习兴趣，甚至是厌恶、反感，恶意诋毁思政教育的思想理论，那么大学生的思想政治教育活动就无法开展。当前，我们应当借助大数据的技术优势，将大学生的心理情况凸显在数据分析中，从而掌握大学生的心理发展状况，并运用技术手段完善该机制的建立。

大学生思想政治教育心理疏导机制的创建要重视数据储存、分析和信息提炼，可以从问题信息收集、心理健康的监测、心理压力的释放机制着手。

首先，建立反映心理问题的机制，了解大学生心理问题的形成原因。

其次，建立心理危机干预机制。通过干预，施加积极影响，解决心理问题。

最后，建立心理疏导长效机制，随时关注大学生的心理变化，采取相应的心理干预手段，进行心理治疗，削弱负面因素的消极影响，增强积极心理因素的影响，从而促进大学生的心理健康发展。

3. 创建大学生思想政治教育效果评价机制

大学生思想政治教育效果评价机制强调整个机制效果的有效性检验。大数据的特点使得针对效果的评价全面依赖于客观数据的分析，因此其结果较为客观真实，为整个思想政治教育实效性的保证提供了机制支撑，主要应注意以下三点。

（1）制定标准的评价指标。标准的评价指标是整个评价机制的"格式"，采用哪些指标对最终的评价具有直接影响。我们可以从上级领导部门评价、思想政治教育者评价、大学生自身评价三个方面进行指标设置，但每个指标的评价标准也应当有所区别。

（2）创建专业的评价队伍。建立专门的人才队伍进行评价，才能够保证将评价指标转化为评价结果时的客观性。高校可以结合自身实际，从现有的思想政治教育工作者中选拔一批适合从事评价工作的人员，进行评价技术培训。从长远发展的角度来看，国家教育部门还应该设置教育评价专业，培养专业化的教育评价人才，满足大学生思想政治教育效果评价的人才需求。

（3）制定长期的监控制度。为了使大学生思想政治教育效果评价做到客观公正，制定长期的监控制度必不可少，并以此保障评价工作的科学运行，首先，要加强对评价过程的有效监督，提高评价过程的透明度。其次，对评价客体反映的问题进行监督，保证评价客体的知情权。

（4）对评价结果进行归档处理，建立教育效果评价数据库，为下一次进行教育效果评价提供借鉴和参考。

学校的教育者和相关领导要从思想上树立"质量是高等学校的生命线"的意识，可以从评价机制的技术支持、管理制度、人才建设、指标设置等环节入手，创新教育理念，推动思政教育评价机制与大数据更加紧密地结合。

第二节　中华优秀传统文化与大学生思想政治教育

新时代弘扬中华优秀传统文化，特别是其丰富内容中的思想政治教育因素，有特别重要的意义。

一、传统文化中蕴含着丰富的思想政治教育资源

中华传统文化博大精深，源远流长，经过了几千年，至今仍有巨大的生命力和教育价值，这里仅列举以下几个方面的内容。

（一）治国平天下的爱国精神

儒家思想强调以治国平天下为人生的最高目标，以大一统为理想的社会状

态，把国家民族的前途和命运放在首位。几千年来，这种爱国主义精神被一代又一代的中国人传承至今，无数人为了祖国的统一和领土的完整而奋斗不息，甚至抛头颅洒热血。文天祥被俘后宁死不屈，有诗云："人生自古谁无死，留取丹心照汗青"；顾炎武把"天下兴亡"看作"匹夫"之责；仁人志士林则徐虎门销烟，捍卫国家利益，"苟利国家生死以，岂因祸福避趋之"。这些仁人志士的所作所为成为爱国精神的经典写照。爱国主义是中华民族精神的核心，在今天的大学生思想政治教育中也是最重要的内容。特别是在经济全球化的形势下，弘扬爱国主义尤为重要。中华传统文化中的爱国主义资源可以说十分丰富，深入挖掘将有助于培养大学生的爱国精神和历史使命感。

（二）追求崇高的人格

儒家思想强调"内圣"，重视人格的完善，主张尊重人的尊严和价值。孔子把"圣贤"和"君子"作为追求目标，君子应该严于律己、宽以待人、追求崇高、追求正义、讲究道义。无论在怎样艰苦的环境下，无论遇到怎样的艰难险阻，作为君子都要保持气节和崇高的人格。在困苦中前进，不卑不亢，无所畏惧。孟子提倡"富贵不能淫，贫贱不能移，威武不能屈"的大丈夫人格。这些思想为中华民族品格的塑造作出了突出贡献，产生了深远的影响。追求崇高人格，有助于通过榜样的力量来完善大学生人格素养。

（三）刚健有为的进取精神

哲学家张岱年说："中国的民族精神基本凝结于《周易》的两句名言之中，这就是'天行健，君子以自强不息'；'地势坤，君子以厚德载物'。'自强不息''厚德载物'是中国传统文化的基本精神。"❶ 屈原放逐，乃赋《离骚》；左丘失明，厥有《国语》；孙子膑脚，《兵法》修列；不韦迁蜀，世传《吕览》；韩非囚秦，《说难》《孤愤》《诗》三百篇，都强有力地说明了中华民族刚健有为、自强不息、不屈不挠、坚韧不拔的精神。当代大学生更应该继承和发扬这种民族精神，

（四）天人合一的和谐精神

庄子最早阐述了"天人合一"的思想，后来董仲舒将阴阳学和五行学合

---

❶ 张岱年．文化传统与民族精神 [J]．学术期刊，1986（12）：42-43．

用，逐步将"天人合一"发展成了一个思想体系。中华文化重视人与自然的和谐。人类只是自然的一部分，对自然充满了敬畏，人与自然是息息相通的一体，人生与自然和谐的人生境界，一直为传统知识分子所向往。老子说的"人法地，地法天，天法道，道法自然"，即表明人与自然的一致与相通。庄子更是希望达到"天地与我并生，万物与我为一"的精神境界……在大学生思想政治教育中注入和谐精神，有助于大学生树立人与自然和谐共处的意识，促进人与自然的和谐，实现科学发展观，促进我国经济的可持续发展。

二、中华优秀传统文化在大学生思想政治教育中的重要意义

（一）有助于养成大学生的理想人格

生活在社会中的每个人，从来都不是以孤立的形式存在，而是时刻与社会中的其他成员产生着关系与互动。能够跟随环境的变化，调整自身的身心以妥善地处理与他人、与自然、与社会的各种关系，就是所谓的理想人格。理想人格，从表面上看是每个人控制自己行为以妥善应对各种关系的品质，实际上涉及个人情商与智商的有效配置与和谐统一。

近代著名教育家潘光旦先生指出：理想的人格体现在知识、情感、意志三者之间的有机统一及和谐发展。中华优秀传统文化中一直有一个关注的核心——"人"，而中华优秀传统文化最终的目标就是培养理想的君子，君子也是具有理想人格的"人"的代称，传统文化中有许多关于君子的评价标准。例如，孟子所说的"富贵不能淫，贫贱不能移，威武不能屈"是对君子道德层面的要求；《论语》中关于"己所不欲，勿施于人；己欲立而立人，己欲达而达人"则是教导人们如何处理与他人的关系；《庄子》云"夫至乐者，先应之以人事，顺之以天理，行之以五德，应之以自然，然后调理四时，太和万物"，则说明人如何与自然和谐相处；"苟利国家生死以，岂因祸福避趋之"，则阐述了人的社会责任感和爱国精神。可见，中华优秀传统文化中蕴含着丰富的人格培养理念，它完整地向人们说明了如何面对自我，如何处理与他人、与自然，与社会的关系，而这些正是人格教育的核心内容。

大学时代是学生人格养成的关键时期。作为培养人才的高校，教育工作者有责任在这个时期，应用中华优秀传统文化中关于理想人格培养的理念和教育方法，结合思想政治教育的手段，潜移默化地引导大学生的行为，陶冶大学生的情操，培养大学生积极向上的人格，使大学生真正成为独立、理想的社会生活参与者和民族事业的推动者。

（二）有助于提升大学生的人文修养

著名学者张岂之曾说："中国的大学毕业生虽然拥有优秀的学业成绩，但缺乏合作精神，待人接物缺少文明礼貌。"❶ 这反映出我国的大学以培养专业型人才为主的办学思路越来越不能够适应当代社会的发展。其实，关于高等教育的功能，学术界基本上有了统一的意见；高等教育办学的思想各国虽有不同，但因为时代的要求，逐渐趋同。这就是科学精神和人文道德精神的结合。❷

人文道德精神也称为人文修养，它是一个人知识、情感、意志等多种因素相互作用而形成的内在品质，体现出来就是一个人的气质和品格。改革开放以来，随着经济的快速发展，人们的物质文化生活水平日益提高，随之而来的拜金主义、享乐主义、功利主义开始逐步蔓延，身处象牙塔内的大学生也不能避免。我们在媒体上可以看到个别大学生品格、道德堕落的报道，究其原因，还是大学教育中人文教育缺失所导致的。人文教育不是专业知识的灌输，而是要通过正确的理念和方法引导大学生修身养性，提升品格，而这与中华优秀传统文化潜移默化的教化效果不谋而合。

传统文化中的诗词，历经数千年的吟诵仍然长盛不衰，就是因为其中蕴含着人们的心理模式和对美好事物追求与向往的审美情趣。"腹有诗书气自华"，表达的是诗词对人文修养的功用；"三更灯火五更鸡，正是男儿读书时"，则是培育大学生积极的求学态度。诗词的力量，如春风化雨般"随风潜入夜"，滋润着大学生的人文修养，不仅能够使大学生保持内心平和的精神生活，还能提高大学生的审美情趣，对完善大学生的人格和为人处世大有裨益。

---

❶ 范绪锋. 著名史学家张岂之谈入世后传统文化教育［N］. 中国教育报，2002-01-05.
❷ 顾明远. 高等教育与人文精神［J］. 高等教育研究，2002（1）：71-72.

（三）有助于增强大学生的文化自信

随着网络技术的飞速发展，各国、各民族已经处于一个紧密联系的时代，密切的联系不仅意味着政治、经济、文化的交流和融合，同时意味着不同文明、不同价值观的碰撞也会日趋激烈。在这样的背景下，如何充分弘扬本民族的文化，使本民族屹立于世界民族之林，是每一个国家和民族都在认真思考的战略问题。

在多元价值观的影响和知识爆炸的现实下，很多大学生面对纷至沓来的各种思潮，产生了迷茫失措、盲目追寻的不良现象；一方面，对各种文化缺乏鉴别能力，茫然无助，另一方面，盲目崇拜西方文化，认为本民族的文化是落后的。这些现象的出现，表明大学生群体的民族自尊心、自信心受到了严重的影响。缺乏民族自尊心与自信心，就会进一步影响对民族的认同感和自豪感，关系到大学生能否真正成为国家的建设者和接班人。国学大家张岱年曾指出：必须正确理解民族文化中的优秀传统，才能具有民族自尊心、民族自信心。❶ 因此，对大学生进行中华优秀传统文化教育，可以增加大学生对本民族优秀传统文化的认识，通过认识、比较，进而产生对本民族文化的认同，强化他们对社会的责任感和对历史的使命感，激励他们为祖国的繁荣昌盛和社会的发展进步而努力奋斗。

三、将中华优秀传统文化融入大学生思想政治教育中

（一）加强社会大环境的培育

大学生思想政治教育依存于社会大环境，只有改善了社会环境，才能筑牢中华优秀传统文化传播的根基。因此，社会环境培育是中华优秀传统文化融入大学生思想政治教育的基础。

1. 加强政策引导

十八大以来，中华传统文化的传播得到了国家层面的高度重视，习近平总书记在不同场合多次表达了中华优秀传统文化对于弘扬社会主义核心价值观和实现中华民族伟大复兴中国梦的重要性。2014 年 4 月，教育部下发《完善中

---

❶　张岱年. 张岱年全集（第 7 卷）［M］. 石家庄：河北人民出版社，1996.

华优秀传统文化教育指导纲要》，提出了弘扬中华优秀传统文化的指导思想、基本原则、主要内容和发展方向，为中华优秀传统文化教育提供了指导性的意见。

具体而言，各级政府应该把中华优秀传统文化的传播纳入政府的日常工作和考核内容中，做到思想上高度重视，行动上大力支持，机制上全面保障。政府可以将中华优秀传统文化与城市发展规划有机地结合起来，在城市地标建设、旅游业发展和本土民俗传承方面充分挖掘本土中华优秀传统文化资源，形成具有地域特色的传统文化氛围。加强爱国主义教育基地建设，对大学生免费开放博物馆、图书馆等文化场所，丰富大学生校外传统文化教育的资源。

2. 加强舆论引导

政府应积极运用媒体的力量，充分发挥政府主导的公共媒体宣传作用，同时规范互联网、自媒体等新兴媒体的发展，加强舆论引导，为中华优秀传统文化的传播提供良好的舆论氛围。例如，充分利用公共媒体播放国学类节目、榜样评比类节目、监督类节目、主旋律影视剧和公益广告等，加大优秀传统文化的宣传力度。

（二）加强高校机制改革

为使中华优秀传统文化在大学生思想政治教育中发挥作用，达到潜移默化的教育效果，高校必须提供强有力的机制保障。

1. 改革教育教学机制，完善课程体系

（1）丰富内涵，拓宽中华优秀传统文化的教育广度。中华传统文化不仅有着优秀的教育理念和方法资源，还有很多外化的载体，包括书法、音乐、武术、曲艺、节日、民俗等。多样的表现形式，使得中华优秀传统文化层次分明，更富立体感。因此，高校中华优秀传统文化教育，除了要利用课堂进行理念传播，还应当借助中华优秀传统文化的载体，辅之以多种多样的教育形式和活动，使传统文化理念更为具象化，更易为学生认知。

（2）互动教学，培养大学生学习传统文化的热情。互动教学就是将教育主体（教师）与受教育主体（学生）有机地联系起来，通过教师与学生的沟通、交流，使教学成为动态的教与学的有机联系、协调统一的相互影响和交互活动的过程。在这个过程中不仅存在教育主体与受教育主体的互动，还存在着受教育主体之间的互动。推动互动教学，就是要增强教师与学生间、学生与学生间的有效互动，通过对教师、学生地位与作用的调整，激发两者的积极性，进而提升教学效果。

（3）潜移默化，提升中华优秀传统文化教育的效果。除了营造校园环境、学习环境、制度环境，高校还应该结合当代媒体传播的特点，选择大学生喜闻乐见而又广泛参与的网络和新媒体作为中华优秀传统文化传播的载体，高校可以打造虚拟的校园网络文化平台，建立网络学习阵地、学习讨论区；不断发布有关传统文化的理念以供学习，提炼社会上关于中华优秀传统文化的观点和现象，供大学生进行讨论、交流；开展线上讨论、线上竞答等多种方式的活动，增强大学生对虚拟文化传播平台的黏性，满足大学生的求知欲，增进大学生的归属感。

（4）知行合一，加深大学生对中华优秀传统文化的理解。强化社会实践，将其作为大学生优秀传统文化教育的重要渠道，具体来说，可以利用开学典礼、毕业典礼等契机，对大学生进行传统文化人格养成教育；可以结合传统节日，对大学生进行民族精神和爱国主义的教育；可以开展丰富多样的主题活动，在大学生中广泛开展中华优秀传统文化教育活动，使他们在参与活动的过程中，亲身体验中华优秀传统文化博大精深的魅力，并在学习和生活中积极践行。

（5）创新形式，将网络技术融入中华优秀传统文化教育。自媒体不仅改变了大学生的阅读习惯，还深刻地影响了大学生的时间规划。高校可以利用自媒体的传播优势，建立学习传统文化的微信公众号、微博账号，采用网络流行语言、图文混排、视频插入等方式，提高大学生的阅读兴趣，深入浅出地进行中华优秀传统文化的宣讲，突破中华优秀传统文化传播的时间、地点、参与人数等局限，高校可以采用多种措施使大学生由优秀传统文化传播的接受者转变为参与者，有效地激发大学生学习、传承、践行中华优秀传统文化的积极性和主动性。

2. 建立人文教育机制，进行学习行为引导

（1）运用选修课的经典赏析来提高大学生的文化修养。中华传统文化中蕴含着深厚的人文精神内涵，这些人文精神内涵超越了专业与学术的范围，可

以提高大学生的文化修养。大学生阅读传统文化经典有助于提高他们的人文素养，提升内在气质。因此，高校要积极主动地引导大学生阅读传统文化经典著作，让他们在阅读中感悟中华优秀传统文化的魅力。高校可以通过开设中国古代诗词鉴赏、书法绘画艺术鉴赏、优秀古典文学鉴赏等选修课的课程，激发大学生对中华优秀传统文化学习的热情，加深其对中华优秀传统文化的了解。

（2）利用校外资源来强化大学生的爱国主义情感。依托社会资源对大学生开展爱国主义情感教育是培育爱国主义的重要途径。各类博物馆、纪念馆、烈士纪念建筑物、重要战役纪念设施、文物保护单位、历史遗迹、风景胜地等都是进行爱国主义教育的重要场所。高校可以利用节假日组织大学生到烈士陵园扫墓、参观纪念馆等方式，让学生以亲身实践的方式获得爱国主义的真切情感体验，从而加深对爱国主义精神的感悟。

3. 加强组织制度建设，保障教育有效开展

中华优秀传统文化教育是一项系统性、长期性的工作，高校必须建立起系统的、流畅的、长期的保障机制。

（1）大力加强制度建设，确保中华优秀传统文化教育工作长效机制。高校中华优秀传统文化教育工作必须要有一整套保证实施的机制，包括领导机制、课程开发与实施机制、绩效考核机制。

首先，领导机制是中华优秀传统文化教育机制的核心。领导机制的任务在于制定本校关于中华优秀传统文化教育的目标、纲领及各项制度保障。中华优秀传统文化教育领导机制的设立，要考虑教育内容的立体性和全面性、教育过程的长期性及教育所需资源的多元性。领导机制必须由学校管理者牵头，组织涉及教学、实践、学生管理的职能部门，以及专业教师、学生组织成员共同参与。学校管理者牵头，便于制定教育目标及协调校内外各类资源，职能部门的参与可以保障各类教学、实践活动的有序开展，专业教师可以提供专业性的指导意见并组织实施，强化中华优秀传统文化的教育效果。

其次，课程开发与实施机制是中华优秀传统文化教育的关键一环。领导机制的成立疏浚了中华优秀传统文化教育的实施渠道，但是要保障教育效果的实现，一方面，必须要有源头的"活水"，另一方面，要有强有力的执行和行动能

力，而这些就是课程开发与实施机制需要解决的问题。课程开发机制解决的是"活水"的问题，一方面是如何将传统文化教育潜移默化的特性和思想政治教育课进行有效结合，设立相应的必修、选修课程以丰富思想政治教育内容；另一方面是如何根据大学生实际情况和社会热点问题设计有针对性的、易于使大学生产生兴趣的课程内容。课程实施机制解决的是教学过程中的执行能力，在教学实施过程中可以结合网络技术、自媒体快速发展的情况，利用大学生喜闻乐见的方式进行授课、讨论；也可以根据教学需要，进行必要的社会实践活动。

最后，合理的中华优秀传统文化教育绩效考核机制是教育效果的重要保障，绩效考核机制包括两个方面的内容：对学生的绩效考核和对教师的绩效考核。从中华优秀传统文化的传播方向而言，对教师的绩效考核是供给侧改革，对学生的绩效考核是需求侧改革。需求侧改革就是在目前各个高校普遍采用学分制的情况下，将中华优秀传统文化教育的课时、成绩与学生的学分紧密联系起来，提高大学生认真学习传统文化的积极性。从就业目标来看，学校对大学生思想品德的评价会对大学生就业产生较大的影响，学校可以设定中华优秀传统文化实践作为思想品德评价的依据，对践行中华优秀传统文化的学生进行物质和精神上的激励，并作为就业推荐的重要内容。就供给侧而言，通过对参与中华优秀传统文化教育教师的知识、授课技能、授课效果、榜样示范作用等方面的定期考核，对考核优秀者予以工资激励和荣誉表彰，激发教师传授中华优秀传统文化的热情。

（2）强化高校中华优秀传统文化教育的师资力量建设。是否有一支专业素质高、业务能力强、具有高度文化自觉的教师队伍，是中华优秀传统文化教育能否成功的关键。加强对高校相关教师的专业知识培训，积极运用社会资源、高校辅导员等更广泛意义上的教师资源，建立一个关于中华优秀传统文化教育的教师平台。

①要把中华优秀传统文化教育专业教师素质的提升作为一项长期工程来对待。对于高校来说，将目前从事中华优秀传统文化教育相关专业的教师列为培养对象，是提高教师素质的现实选择。

首先，要严把入口关，中华优秀传统文化对教育者的作用需要通过较长时间的潜移默化才能显现成效。要真正选取对中华优秀传统文化具有认同感的教师参与其中，才能保障其对该项教育的热情。因此，在选择对象上，应侧重于年轻有潜力的教师和拥有一定阅历且对中华优秀传统文化具有浓厚兴趣的年长教师相搭配的教学队伍。

其次，要将思想培训、专业培训与技能培训有效结合起来。思想培训的目的在于提升教师对传播中华优秀传统文化的信念和热情；专业培训的目的是通过夯实教师的传统文化知识基础，提升教师的文化修养，使教师在教学工作中能更好地阐述中华优秀传统文化；技能培训可以使教师充分认识到传统文化课程不同于专业类课程单纯性传授知识的特点，使其掌握必要的教育心理学和行为心理学技能，以提升课堂教学的效果。

最后，要采取多种手段，使教师的培训工作长期化。

②按照中华优秀传统文化中"潜移默化、环境塑造"的理念，打造高校中华优秀传统文化教育的教师资源平台。在这个平台中，将社会上关于中华优秀传统文化的讲座资源、公开课资源及高校辅导员的培育资源与专业教师的授课资源有效结合起来，打造全方位的中华优秀传统文化传播体系。高校可以组织大学生定期观看传统文化网络公开课资源，邀请国学大师定期开讲国学，邀请非物质文化传承人进行民族非物质文化演示等，将优秀的国学教育资源为我所用，拓展大学生的传统文化视野。对高校辅导员进行中华优秀传统文化知识方面的培训，激发他们传播、践行中华优秀传统文化的热情，这样不仅可以使中华优秀传统文化教育从课堂走入课下，拓展教育的空间，延伸教育的时间，还可以通过高校辅导员的榜样践行作用，为大学生树立典型，从行为方面引导大学生更好地学习中华优秀传统文化。

（三）强化大学生的个人文化自觉

1. 大学生要树立高度的文化自觉

文化自觉是关于自身文化的认知与反思，通过认知与反思处理与外来文化的矛盾和冲突。文化自觉是文化自信的基础。只有对本民族文化有了深刻的了解，才能够辩证地认识本民族文化，才能明白自身的优势、局限，也才能树立真正的文化自信。高度文化自觉的树立，首先，要求大学生必须对本民族文化有强烈的责任感和使命感。大学生要意识到自己是社会的栋梁，是实现中国梦的重要力量，是中华优秀传统文化传承的主力。其次，大学生要充分认识到中华优秀传统文化的价值。最后，大学生要对外来思想和文化进行批判式地吸收。但是，学习不意味着兼容并收，而是要对其中的不合理思想予以批判，对合理的内容予以继承并创新。

2. 大学生要主动学习、践行中华优秀传统文化

在中华优秀传统文化的课堂上，大学生要有求知的热情，并积极参与到提问、讨论的活动中，配合教师完成课堂授课环节。课后，大学生也要发挥主观能动性，温故而知新，做好知识的温习。同时，大学生要积极参加各类中华优秀传统文化活动，在主题活动中深化对中华优秀传统文化的切身感受。

在社会生活中，大学生要以知行合一、学思并重的理念，投入传统文化的践行中，感悟中华优秀传统文化的精髓，并将其内化于自己的行动中。

中华优秀传统文化具有丰富的历史沉淀，对中华优秀传统文化的学习与践行不可能一蹴而就，而是一个循序渐进、潜移默化的过程。大学生不仅要在学校学习阶段、校外实践阶段多了解、多践行中华优秀传统文化，更要在未来的工作和生活中，自觉地把中华优秀传统文化理念作为自身人格培养和待人接物的指导，切实内化为自身的行为。唯有如此，中华优秀传统文化在大学生思想政治教育中的价值才得以实现，中华优秀传统文化才得以传承和发展。

第三节　职业生涯教育与大学生思想政治教育

职业生涯教育是目前对学生就业指导比较规范、系统的做法，它贯穿于大学教育的始终，是帮助大学生切合实际地认识自我、分析形势的有效手段。想学生之所想，急学生之所急，是高校服务青年学生成长、成才的落脚点，通过包括专业思想、职业目标、自我探索在内的职业生涯教育，帮助大学生解决提升个人职业规划水平及求职择业相关方法与技巧的迫切难题，间接地实现思想政治教育

的目的。因此，职业生涯教育将成为高校思想政治教育的一个新主题。

一、职业生涯教育的内涵

职业生涯教育是从职业指导演化而来的。20 世纪 70 年代，职业生涯教育跟随时代变迁的步伐走进了大众的视野。职业生涯教育是在教育全面改革的基础上提出的一种全新的构想，它主张学校根据社会的发展及对人才的需求，帮助学生树立切合实际的发展目标，引导他们客观公正地对自身条件进行分析，既要明确自己在哪些方面有优势，也要正视不足，有针对性地制定职业生涯目标。通过这种途径，使学校教育更好地为社会服务，使青少年不受"升学主义"干扰，将关注点转向"职业发展"，提前做好职业准备，重点发展自己的职业能力。

所谓职业生涯教育，是指学生通过对过去成长环境、当前拥有的资源及未来可能的发展路径进行客观的分析，为自己的职业发展拟定合理的目标，在此基础上制定知识和技能学习计划，合理地安排学习和实践的顺序与方向的过程。❶ 每个学生在价值观、兴趣爱好、科学文化、职业目标、成功的标准及知识技能的掌握程度等方面存在一定的差别。这就需要学生根据自身的兴趣爱好、性格倾向、职业能力、知识能力等多个方面的因素，再结合客观条件的需求，进行综合考虑，选择一个适合自己、能最大限度地发挥自身优势、有助于实现自我价值的职业目标。职业生涯规划的模式并不固定，当事人应根据自身的实际状况，同时结合师长、父母、同学的建议来进行合理的规划。

二、职业生涯教育融合大学生思想政治教育的必要性与可行性

（一）职业生涯教育融合大学生思想政治教育的必要性

1. 有助于丰富大学生思想政治教育的内容

在复杂的社会环境中，高校思想政治教育在内容方面存在某些不足。实施

---

❶ 叶春妍，吕袆. 德育在大学生职业生涯规划中的地位和作用 [J]. 商品与质量·理论研究，2010（12）：56-57.

职业生涯教育，能使不足之处得到一定弥补。高校思想政治教育体系由高到低划分为多个层次，思想、政治教育位于最顶端，经过培养，使学生坚定理想信念，立志为国家建设付出自己的智慧与汗水。通过思想政治教育，可以为社会主义建设提供有力的思想保证，向各行各业源源不断地输送能力强、思想过硬的人才。道德、民主法制教育位于整个教育体系的中层，可以增强学生的法制、民主意识，提高青年一代的法律素质，为社会和谐稳定提供保障。心理健康、实践能力等位于教育体系的最底层，是一切教育顺利实施的重要基石，决定大学生日后能否在最短时间内融入社会。这三个层面的教育内容互相关联，缺一不可。在高校思想政治教育体系中，灵活穿插职业生涯教育，可以使教育体系趋于完善，使三个层次教育内容融合为一个有机整体。随着时代的飞速发展，教育的重要性日益彰显。当代大学生担负着建设祖国的历史重任，面临着前所未有的挑战，不仅要具备深厚的文化底蕴、掌握全面的专业知识，更需要有较高的道德修养，具备良好的法制素养，能够在几年之后更好地服务于各行各业的建设与发展。这些内容与职业生涯教育相匹配，与思想政治教育也保持高度一致。所以，对大学生进行职业生涯教育具有极其深远的意义。

2. 有助于扩充大学生思想政治教育的形式

思想政治教育的载体可以划分为两大类，即显性载体与隐性载体。课堂教学、党团活动等属于显性教育载体，在具体操作过程中内容十分鲜明。这种显性教育载体在特定的历史时期乃至当前都发挥着至关重要的作用，有效提高了人才素质，而职业生涯教育则属于隐性教育载体，重点突出了学生感受与需求的重要性，教育方式与策略具有明显的多样性特征。由于职业生涯教育最初来自管理学的实践，因此更多的是采用参与式的教学方法，让学生在动手实践中获得感悟。在具体操作过程中，教师要组织丰富多彩的教育活动，如设置课程，举行模拟大赛，组织开展各种形式的社会实践活动、实习等，都不失为有效的教育手段。尽管大学生掌握了一定的文化知识，但面对严峻的就业形势，他们仍会对自己的未来产生迷茫。所以，高校要通过正确引导，使他们端正学业态度，对自己的职业进行合理规划显得尤为重要。

3. 有助于拓展大学生思想政治教育的新途径

尽管素质教育理念已深入人心，但就目前来看，高校大学生思想政治教育仍有明显的滞后性，方式、方法和教学策略都过于单一，以新思路、新理念来进行思想政治教育具有时代紧迫性。而职业生涯教育与思想政治教育的融合，能够使教育方法单一的问题得到有效解决，满足学生个性化成长需求，能够帮助更多的学生挖掘内在潜能，增强教育实效性。

与传统教育模式截然不同的是，职业生涯教育是一种个体性较强的教育方式，将其引进思想政治课堂，给学生以耳目一新之感。在进行职业规划过程中，往往能够充分考虑大学生的个人需求，并通过有效引导，使他们结合国家与社会的需要，凸显思想政治教育的效果，使教育方法更加灵活多样。

4. 有助于提高大学生思想政治教育的实效性

职业生涯教育不应该是孤立存在的，应该将其渗透到思想政治教育体系当中，以此来使教育体系更加完善。从这一角度出发，将职业生涯教育引入思想政治教育体系当中，与学生关注的就业、创业等问题相匹配，能使学生进一步意识到道德修养对自身、对社会、对民族的重要意义，感受到思想政治教育的强大内涵，能够使枯燥乏味的说教与学生的生活及日后的工作密切结合起来，增加思想政治教育的深度与广度。

职业生涯教育与思想政治教育的宗旨，都是为了增强学生的道德修养，使他们在最短时间内适应社会生活。为此，应该遵循以人为本的原则，将两个方面的教育理念有效地融为一体，为学生提供实实在在的服务，满足他们的成长需求。

（二）职业生涯教育融合大学生思想政治教育的可行性

1. 教育理念具有契合性

思想政治教育与职业生涯教育是高校人才培养体系中重要的组成部分，其精髓都是为学生的健康成长提供精神动力。思想政治教育的首要理念是"立德树人"，职业生涯教育也是让人成为道德修养与能力全面发展的人，两者的教育理念具有契合性。一方面，高校思想政治教育的宗旨就是使学生客观公正地审视自己，形成积极向上的价值观，坚定理想信念，自觉抵制多元价值观的腐蚀；另一方面，在高校开展职业生涯规划教育，其宗旨是为了使学生更好地了解社会，客观公正地把握自己的优势与不足，制定出可行性目标并向着目标前进，不断提升个人能力与素质，以积极的姿态迎接新时代的挑战。

这两个方面教育的出发点与落脚点具有高度一致性，都是为了提高人口素质，向各行各业输送素质硬、能力强的优秀人才，为国家建设提供有力的人才保障。但它们也存在一定的差别，前者是从职业规划角度出发，突出能力与素质的培养，后者则以思想教育为主，强调道德修养的重要性。

2. 教育内容具有相承性

从教育内容来看，高校职业生涯教育与思想政治教育具有高度的相承性。高校职业生涯教育主要是为了充分挖掘每个学生的内在潜能，使他们能客观公正地意识到自己的优势与不足，拟定出合理的职业奋斗目标并付诸实践。思想政治教育主要是向大学生进行社会主义核心价值观教育，使学生能在物欲横流的时代坚定理想信念，避免产生价值观扭曲，纠正学生不正确的"三观"，增强学生辨别是非、美丑、善恶的能力，使他们能自觉抵御多元文化思潮的影响。正因为两种教育内容的一脉相通，为有效结合提供了可能，更最大化地发挥出教育效能。

3. 教育方法具有互补性

高校思想政治教育一直备受专家学者关注，且对这一领域的研究从未终止过，怎样以更好的方式、方法、策略手段来增强教育的实效性，一直是研究的焦点。不可否认，传统教育方式、方法的确发挥了极其重要的作用，但面对新时代的大学生，高校思想政治教育必须不断探寻新思路、新方法，以此来增强教育的实效性，满足学生多元化成长的需求。职业生涯教育强调了方法的创新与突破，不是依靠枯燥的说教、机械的理论灌输，而是要通过理论与实践、教化与活动、自我教育与他教相结合的方式，增强教育的实效性。但职业生涯教育也要立足于我国社会发展需求的实际，充分把握当代大学生的心理特征，使学生建立起正确的择业观，在潜移默化中提升道德修养。

高校思想政治教育具有强大的理论支撑，在长期的实践过程中逐渐积淀了各种科学有效的教学方法，这为职业生涯教育指明了方向。与此同时，职业生涯教育以显著的实践性与可操作性为思想政治教育注入了生机与活力。可以说，这两种教育互为补充，相得益彰。

三、职业生涯教育融合大学生思想政治教育的思路

（一）职业生涯教育融合大学生思想政治教育的基本理念

1. 教育全程化

教育全程化主要是指对大学生从大学到毕业的全过程中，要准确把握学生的个性特征与能力，结合他们不同成长阶段的个体发展需求及特点，合理地开展对应的教学活动，逐步使学生通过课堂教育及实践教育促进自身竞争力的有效提升中。根据这一理论，我们在将教育全程化思想引入职业生涯教育和高校思想政治教育当中时，也应注意不同阶段学生的个体特征和认知能力等，遵循他们的身心特点、职业生涯教育的发展规律，因而，在将思想政治教育与职业生涯教育融合为一体的过程中，也应坚持全程化的指导思想。

2. 协同育人化

在以人为本，尊重学生主体地位、注重高校多元权力主体互动合作的背景下，传统的教育模式已不适应当代大学生的职业生涯教育和思想政治教育发展的具体实际。有必要建立起多元互动、尊重个体价值、追求民主平等的协同育人模式，从而克服传统教育模式存在的种种问题，在思想政治教育与职业生涯教育相融合过程中，应坚持协同育人化的指导思想。

3. 内容规范化

规范职业生涯教育需要得到思想政治教育的辅助。一方面，高校在安排思想政治课时，应当与日常的思想政治教育联系到一起，这样才能为第一课堂与第二课堂建立起相通的桥梁。对于课堂教学，教师起着重要的作用，可以监督大学生的日常学习和生活。大学生也可以配合教师进行教学，多上讲台进行锻炼。此外，教师也可以带领学生进行课外活动，在近距离了解学生的思想行为后，更有针对性地对学生开展有意义的课堂教学，使学生的道德素养得到提升。另一方面，思想政治教育工作对提高大学生的思想道德水平有着重要的作用。在大学生的职业生涯教育课程中，思想教育必不可少，根据不同时期学生

的思想认知水平，可以在职业生涯教育的不同时期融入相对应的教育内容。

4. 形式多样化

教育信息化是当今社会发展最为迅速的一种教育手段。在新时代背景下，高校为学生开展就业指导时，也需要运用信息化手段。大学生对于高科技知识和高科技手段是最为关注和喜爱的，他们是接收信息最快的群体。在思想政治教育工作中，高校要联系学生的实际情况开展工作，采用符合大学生的方式，利用信息化的手段和高新技术成果来对学生进行教育和管理，去故就新，使大学生思想政治教育工作符合时代的特点。

（二）整合教育资源，提升师资水平

1. 打造多位一体的教师队伍

在大学生的职业生涯教育中，思想政治教育是最关键的环节。在这项工作中，教师理应肩负起相应的责任，使思想政治教育与生活实践联系到一起，提高大学生的思想政治水平。所以，仅依靠思想政治教育工作者的力量是单薄的，必须有专业的师资队伍或者资深专家进行合理分工，合理地对学生进行思想政治教育，使他们准确定位自己的职业目标，为日后能更快、更好地融入社会做好准备。

2. 提升专职教师专业化水平

在新时代就业形势下，大学生的思想状况、心理变化都非常复杂，所以必须提高思想政治教育工作者的素质，才能带动大学生思想政治教育工作质量的提升。这主要表现在三个方面：首先，要提升思想政治教师的道德素养；其次，要提高思想政治教育工作者的知识素养水平；最后，要对思想政治教师的实践工作进行指导。只有在思想政治教育工作者素质水平全面提升的情况下，才能对大学生进行很好的引导和教育。

3. 发挥榜样作用

榜样能引领年轻一代成长，推动社会发展。榜样对于大学生的成长来说，能发挥出极其重要的作用，能使他们在迷惑、彷徨的成长时期获得强大的精神力量，成为他们的成长导航。要想进行榜样教育，可以从学生群体中找出一些在思想、学习等方面具备优势的学生，也可以从往届毕业生中找出获得创业成功的人，还可以将社会道德模范当成榜样，请他们到学校现身说法，为学生的职业生涯规划进行引领。因此，高校应将榜样示范建设置于重要位置。

（三）丰富教育内容，完善教育形式

1. 发挥课堂教学主阵地作用

对于大学生的思想政治教育工作，理论课通常是主要的教育方式。对学生进行职业生涯教育时，教育工作者可以发挥课堂教学的作用，将思想政治教育的内容融入其中，更好地帮助大学生规划他们的职业方向。以大学生的职业需要、职业前景为出发点，使大学生多接受思想政治理论教育，从而加深他们对思想政治的认识，端正他们的学习态度，进一步提高思想政治教学的效果。例如，在"思想道德修养与法律基础"课程中传授大学生职业心理教育、文化素质教育、道德教育、法律教育等多种多样的政治教育内容；在"马克思主义基本原理概论"课程中传授大学生全面可持续发展教育理念、价值规律和市场经济理论等内容。

2. 发挥社会实践辅助性作用

在高校的思想政治教育过程中，社会实践对学生来说是一种重要的教育方式，可以帮助学生更好地体会职业生涯，开展不同形式的实践活动，让大学生参与其中，通过他们自身的体会和感受来得到锻炼，不仅能够提高大学生的思想道德，还能端正他们的行为态度，有利于他们更好地接触和适应社会。而在高校中，社会实践本身也是最受欢迎的思想政治教育方法。大学生通过社会实践将课堂所学的理论知识运用其中，并且通过实践开阔了眼界，解决了书本上不懂的理论，提高了思想觉悟，学会让自己去观察和聆听，关心国家大事和日常生活。在社会实践的基础上，大学生在面对社会问题和自己的前途时，会更加用心，更加主动地去了解，从而督促自己在课堂上更加认真地学习理论知识，以丰富的社会实践活动为载体，增强实践能力，锻炼自己的意志力，无形中提高了自己的专业水平。此外，大学生通过实践将课堂的理论知识应用到实际中去解决问题，既提升了自己分析问题的能力，又增强了综合素养。

3. 发挥团学活动的保障性作用

类型多样的团学活动是高校开展思想政治教育工作的有力工具，也是高校

学生进行自我提升的主要平台。我们可通过组织以职业发展规划为中心内容、类型多样的团学活动，来实现提升高校学生思想政治素养的目标。譬如，可组织职业生涯规划竞赛，一方面能够为参赛学生提供展现自我、提升自我、锻炼自我的机会，另一方面还可以依托该种方式在大学生中形成明显的示范效应，使其他学生将参赛学生作为学习的榜样，科学树立远大的发展目标，合理规划大学生活。此外，经过专业人士的评价也会让高校学生意识到本身存在的问题，精准把控将来的发展方向。

4. 发挥网络平台的支撑性作用

网络的快速发展使得它成为大学生生活的必需品。高校大学生就业信息系统是大学生实现就业目标的主要平台，大学生就业指导中心可以全面依托互联网与计算机技术，构建可以定向与定量有效融合地搜集信息、剖析信息、加工信息、反馈信息的思想政治工作信息系统。通过这个系统让海量的、侧重性突出的思想政治教育内容得以快速传输，经过交流和协作，达成在线资源共享，构成互联网思想政治教育的综合力量，进而提升传播效率，扩展覆盖范围，扩大影响力。

（四）加大政策引导，健全保障体制

1. 完善大学生人才考核测评制度

引入科学高效的职业测评机制，协助高校大学生正确认识自己，科学、准确的自我认识和评定是大学生进行职业发展规划的基础。唯有客观地认识自己，才可以科学地确定人生的发展方向。人应当在客观认识自我的前提下制定科学的目标，唯有如此，成功的概率才能更高。大学生应当对将来进行科学定位，确定科学的奋斗目标，构建恰当的期望值，防止因为对自己期望值太高或太低而导致心理方面的焦灼或者懈怠。不可眼高手低，应当立足于实际，有步骤、有计划地朝着目标努力。

2. 完善高等教育质量评价体系

高等教育质量评价，是将各院校的教育工作进行横向的对比、评价。经过评价，得出各院校教育质量的好坏、优劣结果，进行较为科学的比较，调动与深化各学校间的竞争理念。实施教育质量评价，就等于将竞争体系引进到教育行业，合理有效的评价机制与评价方式可以为教育竞争营造平等的环境，在开展质量评价时，高校应当将发展作为核心准则，对其各个方面的情况加以深入的剖析，找出不足，促使评价客体经过提升和发展，减小和其他院校的差距。换言之，经过实施质量评价，不仅能够评价一所大学教育水准的高低，更关键的是可以协助其找出存在的不足，让被评价者可以更清晰地看到自身与高质量院校的差距，明确奋斗的目标。

3. 完善"校企"合作育人机制

高校的职业发展规划工作应当以学校教育特色为基础，与企业、单位进行深入合作，以企业需求为主导开展教育活动，引导用人单位参与到教学活动中，增大实践教学力度，构建长效的培养和就业相互推动的体系。在校企合作育人的过程中，无论是大学生的实习还是考核，企业都应参与其中。

（五）营造良好氛围，助推学生发展

思想政治教育氛围是大学生描绘未来图景的整体环境，如果政府、高校、家庭、社会均为环境的改进付出了自身的努力，那么将有助于促进职业发展规划和思想政治教育的有效融合。

1. 营造良好的社会文化氛围

政府和企业不仅要为大学生提供见习机会，也要创造更多的就业岗位。制定人性化的招聘政策，招聘时不以学历作为唯一的评判标准，应当以学生的整体素养为主要指标。鼓励大学生到西部和基层，对未就业人员也要提供恰当的引导。

2. 营造良好的社会舆论氛围

大学生作为社会前进、经济发展十分关键的人力资源，是国家的未来、民族的希望。其能否顺利就业对于社会安定、经济建设有重大影响，大学生就业应当得到整个社会的高度重视与扶持。政府应当制定推动大学生就业的政策方针，新闻媒体应当把控好大学生就业的舆论导向，为其顺利就业营造优良的舆论氛围。新闻媒介在平常的报道过程中应当全面尊重公众的知情权，增大报告深度，拓展报道广度，大力传播国家方针政策，多开设大学生就业版面，为高校毕业生顺利就业打造优良的社会环境。

3. 营造良好的家庭氛围

（1）家庭应塑造科学的价值观。在家庭中，父母作为孩子的第一任教师，其言行对孩子有很大程度的影响，特别是对下一代价值观念的塑造更具有深刻的影响。父母的工作经验与工作阅历比孩子要丰富很多，为此父母在对下一代的教育过程中，一定要以科学的、乐观的、正确的价值理念对子女进行教育，让其形成诚信、有责任心、乐于奉献、有理想有抱负的价值理念。

（2）理解与尊重子女的就业选择。父母应当尊重孩子的职业喜好，对于孩子的职业发展方向应当持尊重和引导的准则，不可由于某个行业或者职位的福利好，便全然不顾孩子的兴趣喜好，强行要求其报考某所高校、学习某个专业、进入某家企业。对于孩子的选择，父母应当与其一同商讨，如果意见不统一，父母应当以科学的价值理念来对其进行指引，而不是将自己的意志强加到孩子身上。唯有如此，子女在将来的职业发展规划中才会有清晰的目标、源源不断的动力，才不会产生盲目和颓废的思想。

参考文献

[1]方秀丽,张琳琳,耿向娟. 当代大学生思想政治教育创新研究[M].延吉:延边大学出版社,2017.

[2]裴孝金,宋晓宁.思想政治教育创新研究[M].长春:吉林大学出版社,2022.

[3]刘煜昊.思想政治教育仪式[M].北京:知识产权出版社,2020.

[4]刘萍萍.现代思想政治教育的文化价值研究[M].北京:现代出版社,2021.

[5]郭鹏.思想政治教育网络传播研究[M].武汉:武汉大学出版社,2022.

[6]张坤.高校红色基因传承与思想政治教育[M].北京:燕山大学出版社,2022.

[7]程婧.积极思想政治教育研究[M].天津:南开大学出版社,2020.

[8]范翠莲,李春风,边黎明.思想政治教育与实践[M].北京:九州出版社,2018.

[9]倪瑞华.思想政治教育认同基本理论研究[M].北京:中国民主法制出版社,2021.

[10]刘淋淋,刘名学,段华琼.大学生思想政治教育实践与创新[M].延吉:延边大学出版社,2022.

[11]严淑华,郭林锋.大学生情绪管理与思想政治教育[M].北京:冶金工业出版社,2022.

[12]叶方兴.思想政治教育的社会视界[M].桂林:广西师范大学出版社,2020.

[13]李智慧.高校思想政治教育有效资源开发利用研究[M].北京:旅游教育出版社,2022.

[14]柳琼,韩冰,张薇.大学生思想政治教育对策研究[M].长春:吉林出版集团股份有限公司,2020.

[15]罗亚莉.思想政治教育调查方法理论与实践[M].成都:四川大学出版社,2021.

[16]崔晋文.思想政治教育中的美育问题研究[M].武汉:武汉大学出版社,2021.

[17]万娟.基于创新发展的高校思想政治教育研究[M].长春:吉林大学出版社,2022.

[18]徐俊.高校大学生思想政治教育认同研究[M].武汉:华中科学技术大学出版社,2022.

[19]陈军,杨美华,龚静源.思想政治教育理论与实践[M].武汉:湖北人民出版社,2018.

[20]郭世德,宋鹏瑶,杨桂敏.思想政治教育与职业素养[M].北京:经济日报出版社,2018.

[21]王瑞娜.新时代思想政治教育个体价值及社会实践研究[M].北京:光明日报出版社,2021.

[22]谈娅.新时代高校思想政治教育创新研究[M].重庆:西南师范大学出版社,2021.

[23]董康成,顾丹华.新时期大学生思想政治教育实践路径研究[M].长春:吉林大学出版社,2022.

[24]中共中央马克思、恩格斯、列宁、斯大林著作编译局.列宁全集[M].北京:人民出版社,1988.

[25]吴宗禹,张怡,梁凤儒.邓小平理论[M].天津:南开大学出版社,2004.

[26]莫敏燕.大数据时代大学生思想政治教育个性化研究[J].湖北开放职业学院学报,2023,36(10):161-162.

[27]杨锴,张敏.融媒体背景下高校思想政治教育现状及路径探索[J].黑河学院学报,2023,14(5):141-143.

[28]陆明.优秀传统文化与思想政治教育耦合研究[J].江苏高教,2023(5):

103-104.

[29]刘捷,郭瑾.高校美育与思想政治教育融合研究价值研究[J].湖北开放职业学院学报,2023,36(7):125-126.

[30]马熙遹,李勇.论思政教育与美育教学的多维契合[J].齐鲁艺苑,2023(2):127-128.

[31]邓欢,王涛.大学生思想政治教育与美育深度融合的理路[J].学校党建与思想教育,2023(6):71-73.

[32]罗佳.新时代大学生思想政治教育认同培育研究[J].食品研究与开发,2023,44(9):238.

[33]刘晓麒.创新大学生思想政治教育的三重维度[J].经济,2023(5):75.

[34]白坤昌.论当前高校思想政治教育工作的创新[J].山东青年管理干部学院学报,2005(4):65-66.